Lukas Butz

Vom Neukunden zum Wiederkäufer

Maßnahmen zur Kundenbindung für kleine und mittelständische Online-Shops

Bibliografische Information der Deutschen Nationalbibliothek:

Die Deutsche Nationalbibliothek verzeichnet diese Publikation in der Deutschen Nationalbibliografie; detaillierte bibliografische Daten sind im Internet über http://dnb.d-nb.de abrufbar.

Impressum:

Copyright © Science Factory 2019

Ein Imprint der Open Publishing GmbH, München

Druck und Bindung: Books on Demand GmbH, Norderstedt, Germany

Covergestaltung: Open Publishing GmbH

Kurzfassung

Mit zunehmender Marktbeherrschung der großen, oftmals global agierenden Online-Shops, wird es für kleine und mittelständische Online-Anbieter immer wichtiger über einen loyalen Kundenstamm zu verfügen. Für die Transformation von Neukunden zu Wieder- und Stammkäufern, können verschiedene kundenbindende Maßnahmen angewandt werden.

In der vorliegenden Arbeit wird dabei speziell auf kundenbindende Erfolgsfaktoren eingegangen, welche kostengünstig und dadurch auch für kleine Online-Shops umsetzbar sind. Dabei liegt der Fokus ausschließlich auf Maßnahmen, welche in der Nachkaufphase angewandt werden können. Diese sind in chronologischer Abfolge aufgebaut und reichen dabei von der Bestellabschlussseite bis zu E-Mail- und Social-Media-Marketing.

Diese Arbeit endet mit einer eigens entwickelten Infografik, welche alle wichtigen Überbegriffe und Zusammenhänge zwischen den Maßnahmen darstellt. Diese Grafik soll als Hilfestellung für Shopbetreiber dienen und alle Erfolgsfaktoren gebündelt darstellen.

Abstract

By increasing market dominance of big and in many cases globally operating online shops, loyal customers become more and more important for small- and medium-sized online providers. To transform new customers into repeat and regular buyers, different customer-binding instruments could be applied.

This paper concentrates on cost effective customer-binding success factors, which could be easily applied by small online shop providers. The focus is exclusively on instruments that could be used in the after-sales phase. They are structured in a chronological order, from order confirmation page to e-mail-marketing and social-media-marketing.

The paper ends by showing a self-developed infographic, which demonstrates all important topics and connections between the different instruments. This graphic should support shop operators and represent all success factors at a glance.

Inhaltsverzeichnis

Kurzfassung III

Abstract IV

Abbildungsverzeichnis VI

1 Thematische Einführung 1

2 Begriffliche Grundlagen 4

    2.1 Neukunde, Wieder- und Stammkäufer 4

    2.2 Kundenbindung 5

    2.3 Nachkaufphase 16

3 Kundenbindende Erfolgsfaktoren 17

    3.1 Zielgruppen- und Bedürfnisanalyse 17

    3.2 Beschwerdemanagement 22

    3.3 Bestellbestätigungsseite 25

    3.4 Versand und Logistik 29

    3.5 E-Mail-Marketing (Newsletter) 37

    3.6 Social-Media (Facebook) 48

4 Fazit 53

Anhang 54

Literaturverzeichnis 55

Abbildungsverzeichnis

Abbildung 1: Unternehmensvergleich mit unterschiedlicher Kundentreue.................. 6

Abbildung 2: Nutzen langfristiger Kundenbindung auf Unternehmensgewinn................ 10

Abbildung 3: Ursachen für Kundenbindung 11

Abbildung 4: Kano – Zufriedenheitsmodell.. 13

Abbildung 5: Beispielhafte Persona... 18

Abbildung 6: Limbic-Map –Menschliche Emotionssysteme, Motive, Werte und Wünsche
.... 21

Abbildung 7: Dimensionen und Merkmale der Beschwerdezufriedenheit.................. 23

Abbildung 8: Bestellbestätigungsseite des Bundesanzeiger Verlag............................ 25

Abbildung 9: Bestellbestätigungsseite Lieferheld.de.. 27

Abbildung 10: Bestellabschlussseite Bergfreunde.de... 28

Abbildung 11: Minions – Aktionskarton.. 33

Abbildung 12: Produktbeilage Gourmetfleisch.de 36

Abbildung 13: Persönliche Grußkarte 43einhalb.com 37

Abbildung 14: Grundlegender Newsletter-Aufbau 42

1 Thematische Einführung

„Der Verkauf eines Autos ist nicht der Abschluss eines Geschäfts, sondern der Beginn einer Beziehung."[1] Henry Ford wusste bereits vor vielen Jahren, dass der Kaufabschluss nicht das Ende der Bemühungen um einen Kunden sein darf. Ein Kauf sollte vielmehr als Beginn einer langfristigen Beziehung zwischen Unternehmen und Kunden gesehen werden.

Wird die Verteilung des digitalen Marketingbudgets im US-Einzelhandel näher betrachtet, so wurden im Jahr 2012 fast 84 % der Ausgaben für Neukundenansprache verwendet.[2][3]

Zwar richtet sich jegliche Art von Werbung auch nebenbei an Bestandskunden, dennoch lag das Hauptaugenmerk auf der Neukundenakquisition und nicht auf Kundenbindung.[4] Hier sollte ein Umdenken stattfinden.

In den USA wurde im zweiten Quartal 2012 von 8 % der Besuchern (Stamm- und Wiederkäufer die Rede) ein Gesamtumsatzanteil von 41 % erwirtschaftet.[5] Hierzulande trugen Stamm- und Wiederkäufer, mit einem Umsatzanteil von 38 % und einem Besucheranteil von 20 %, ebenfalls stark zum Absatz bei.[6]

Gründe für den großen Gesamtumsatzanteil von Stamm- und Wiederkäufern:

- deutlich höhere Conversion-Rate
- erhöhte Positionsanzahl pro Bestellung
- höherer Durchschnittswarenkorb[7]

Es gibt jedoch weitere Gründe weshalb auf treue Kunden größeren Wert gelegt werden sollte. In Deutschland sind Amazon, Otto und Zalando die drei umsatzstärksten Online-Unternehmen. Gemeinsam erwirtschafteten diese im Jahr 2015 einen Umsatz von 11 Milliarden Euro.[8] Dies entspricht einen Marktanteil von 45

---

[1] Henry Ford, amerikanischer Unternehmer zitiert nach von Steinaecker 2013, S. 15.
[2] Vgl. VanBoskirk 2011, S. 3.
[3] Vgl. Adobe Systems GmbH (Hrsg.) 2012, S. 4.
[4] Vgl. Kunz 1996, S. 15.
[5] Vgl. Adobe Systems GmbH (Hrsg.) 2012, S. 4.
[6] Vgl. ebd., S. 10.
[7] Vgl. ebd., S. 11.
[8] Vgl. Witt 2016.

%.[9] Werden die Umsatzzahlen der drei Big-Player mit denen der letzten Jahre verglichen, so wird eine deutliche, kontinuierliche Umsatzsteigerung sichtbar.[10][11][12]

Im Gegensatz dazu erwirtschafteten 2014 nur 13 % der klein- und mittelständischen Unternehmen (KMU; maximal 249 Mitarbeiter, Jahresumsatz < 50 Millionen) einen Jahresumsatz über 1 Millionen Euro.[13][14]

Prognosen von „PwC Deutschland" zufolge, werden Online-Werbeausgaben bis 2020 um durchschnittlich 5,9 % steigen.[15] In Bezug auf Neukundengewinnung könnte dieser Anstieg eine finanzielle Problematik für KMU darstellen. Eine unternehmenspolitische Auslegung, welche sich auf die Intensivierung von Kundenbeziehungen konzentriert, könnte bei dieser Herausforderung helfen. Kundenbindung hilft nicht nur bei der Steigerung von Unternehmensgewinnen, eine langfristige Unternehmenssicherung ist durch eine treue Kundschaft ebenfalls gewährleistet.[16]

In dieser Ausarbeitung werden On- und Offline-Maßnahmen aufgezeigt, welche von kleinen und mittleren E-Commerce-Unternehmen einfach und vor allem kostengünstig umgesetzt werden können. Diese zielen darauf ab, einen Neukunden zu einem Wieder-/ Stammkäufer zu konvertieren. Hierdurch soll der Aufbau eines treuen Kundenstamms ermöglicht werden, welcher zu Umsatzsteigerungen und Unternehmenssicherung beiträgt.

Forschungsfrage

Wie könnte eine Strategie für ausschließlich online handelnde KMU hinsichtlich Online-/ Offline-Maßnahmen aussehen, um Neukunden in der Nachkaufphase zielgerichtet als Wieder-/ Stammkäufer zu gewinnen?

Es soll abgegrenzt werden, dass es sich bei dieser Arbeit um kundenbindende Maßnahmen in der Nachkaufphase handelt. Mögliche Erfolgsfaktoren, welche vor dem ersten Kauf eingesetzt werden könnten und ebenfalls auf Kundenbindung abzielen, werden nicht behandelt. Zudem liegt die Fokussierung auf Geschäftsbeziehungen

---

[9] Vgl. Gassmann und Tauber 2016.
[10] Vgl. Amazon.com, Inc. (Hrsg.) 2017, S. 68.
[11] Vgl. Otto Group (Hrsg.) 2016.
[12] Vgl. Zalando SE (Hrsg.) 2017, S. 91.
[13] Vgl. Statistisches Bundesamt (Hrsg.) o. J.
[14] KfW Research (Hrsg.) 2016.
[15] Vgl. PwC (Hrsg.) o. J.
[16] Vgl. BVDW (Hrsg.) 2016a, S. 14.

zwischen Unternehmen und Endverbrauchern (Business-to-Customer; B2C).

Ebenfalls wird davon ausgegangen, dass das bereits erworbene Produkt, die vom Kunden gewünschte Beschaffenheit besitzt. Ein Wiederkauf wird somit nicht bereits wegen mangelhafter Produktqualität ausgeschlossen.

2 Begriffliche Grundlagen

2.1 Neukunde, Wieder- und Stammkäufer

Neukunden

Zum Besuchersegment der Neukunden zählen Nutzer, die zum ersten Mal im Online-Shop einkaufen. Zudem werden User, die bisher keinen Kauf getätigt haben, in diesem Segment gelistet.

Wiederkäufer

Wiederkäufer sind Nutzer, die bereits einen Kauf im Online-Shop getätigt haben und nun zum wiederholten Mal eine Bestellung abschließen beziehungsweise einen zweiten Kauf getätigt haben.

Stammkäufer

Zum Besuchersegment der Stammkäufer zählen Abnehmer, welche bereits mehrere Bestellungen (> 2) getätigt haben.[17]

Bedeutsamkeit von Stamm- und Wiederkäufern

Stamm- und Wiederkäufer sind wertvoller als Neukunden.[18] Beim Blick auf die Gesamtbesucherzahl machen Bestandskunden nur einen geringen Anteil aus. Dennoch generieren diese, wie bereits zu Beginn dieser Ausarbeitung beschrieben, einen großen Anteil des Gesamtumsatzes.[19] Analysen der „Adobe Systems GmbH" zufolge ist der Revenue per Visit (RPV), „[...] der **durchschnittliche Umsatz**, den Besucher pro Website-Besuch generieren",[20] bei **Wiederkäufern** in Europa **dreimal so hoch wie bei Neukunden**. Im Bereich der Stammkunden fällt dies noch viel deutlicher aus. **Sieben Erstkäufer erreichen dabei gemeinsam den RPV eines Stammkäufers.**[21]

Weitere Analysen zeigten, dass der durchschnittliche Bestellwert von Wieder- und Stammkäufern (Deutschland) um 2,8 % bzw. sogar 10,3 % höher als bei Erstkäufern ist.

---

[17] Vgl. Adobe Systems GmbH (Hrsg.) 2012, S. 3.
[18] Vgl. ebd., S. 2.
[19] Vgl. ebd., S. 11.
[20] Ebd., S.5.
[21] Vgl. ebd.

Wird die Conversion-Rate (CVR; Anzahl Käufe/ Anzahl Besucher*100) der drei Besuchersegmente verglichen, so zeigen sich ebenfalls große Unterschiede. [22] Wieder- und Stammkäufer können durchschnittlich eine Kaufrate von 6,2 % beziehungsweise 10,2 % verzeichnen. Die CVR von Erstkäufer liegt dabei im Durchschnitt nur bei 0,8 %. [23]

2.2 Kundenbindung

Für den Begriff Kundenbindung werden fälschlicherweise oftmals Synonyme wie Beziehungsmanagement, Retention-Marketing, Relationship-Marketing oder auch Kundenzufriedenheit verwendet.[24] Auf Grundsatz dessen soll im Folgenden auf Kundenbindung genauer eingegangen werden.

2.2.1 Definition Kundenbindung

Kundenbindung wird, unter anderem aus Gründen der Perspektivansicht (Kunden- und Anbietersicht), unterschiedlich definiert.[25] Aus Anbietersicht definieren Bruhn und Homburg Kundenbindung wie folgt:

„Kundenbindung umfasst sämtliche Maßnahmen eines Unternehmens, die darauf abzielen, sowohl die Verhaltensabsichten als auch das tatsächliche Verhalten eines Kunden gegenüber einem Anbieter oder dessen Leistungen positiv zu gestalten, um die Beziehung zu diesem Kunden für die Zukunft zu stabilisieren bzw. auszuweiten."[26]

2.2.2 Ökonomische Bedeutung der Kundenbindung

In Märkten, in denen das Wachstum stagniert oder nur geringfügig wächst, sind Stammkunden aus Unternehmenssicht am ökonomisch bedeutsamsten.[27]

---

[22] Vgl. Jacob 2015, S. 212.
[23] Vgl. Adobe Systems GmbH (Hrsg.) 2012, S. 11.
[24] Vgl. Bruhn und Homburg 2010, S. 8.
[25] Vgl. ebd.
[26] Ebd.
[27] Vgl. Kunz 1996, S. 16.

Begriffliche Grundlagen

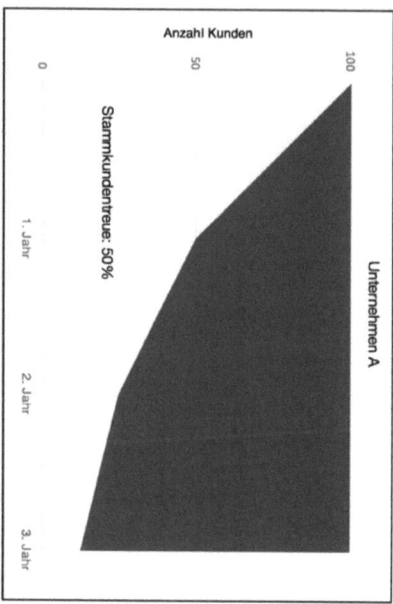
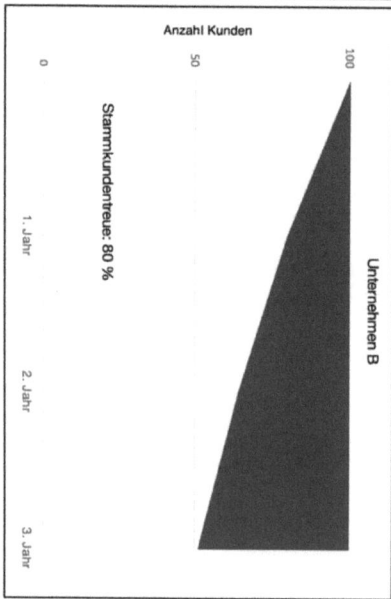

Abbildung 1: Unternehmensvergleich mit unterschiedlicher Kundentreue
Quelle: Eigene Darstellung in Anlehnung an Kunz 1996, S. 16

Abbildung 1 erklärt dabei sinnbildlich diese Wirkung:

Unternehmen A und B haben jeweils 100 Kunden. A verliert jährlich 50 % seiner Kunden, muss deshalb, um dauerhaft 100 Abnehmer vorweisen zu können, jährlich 50 Neukunden gewinnen. Dies macht in Summe nach drei Jahren, **150 Neukunden**.

Unternehmen B hat eine jährliche Kundenverlustrate von 20 %. Daher muss B jährlich 20 Neukunden generieren, um dauerhaft einen Kundenstamm von 100 Abnehmern aufweisen zu können. Innerhalb der drei Jahre müssen daher **60 Neukunden** geworben werden.[28]

> Unternehmen B ist somit nur auf einen Anteil von 40 % der Neukunden, die Unternehmen A benötigt, angewiesen.

In Märkten, welche kaum Wachstum oder sogar Rezession verzeichnen, gilt diese Wirkung besonders zu beachten. Laut „IfD Allensbach", stieg zwar der Online-Käuferanteil in Deutschland von 2013 bis einschließlich 2016 um 5,1 %.[29] Eine 2014 von „eMarketer" veröffentlichte Prognose zeigt jedoch, dass sich das Umsatzwachstum im deutschen Online-Einzelhandel kontinuierlich mindern wird.[30] Schlussfolgend kann daher auf langfristige Sicht von einer Stagnation im Onlinebereich ausgegangen werden.

2.2.2.1 Kostenwirkungen

Durch Kundenbindung können Kosteneinsparungen in unterschiedlichen Bereichen verzeichnet werden.[31] Fortfolgend werden diese Kostenarten näher erläutert.

Akquisitionskosten

Aufwendungen, die getätigt werden müssen um einen Neukunden zu gewinnen.[32] Zu dieser Kostenart zählen unter anderem Preisnachlässe, Vertriebs- oder auch Verwaltungskosten. Bei Unternehmen mit großem Stammkundenanteil können bis zu 80 % der Akquisitionskosten eingespart werden.[33]

---

[28] Vgl. ebd.
[29] Vgl. IfD Allensbach (ACTA 2016) zitiert nach Statista GmbH (Hrsg.) 2016.
[30] Vgl. eMarketer Inc. (Hrsg.) 2014.
[31] Vgl. Bergmann 1998, S. 37.
[32] Vgl. Springer Gabler (Hrsg.) o. J., S. 9.
[33] Vgl. Bergmann 1998, S. 38.

Des Weiteren tragen zufriedene Kunden zur Neukundenakquisition bei. Durch positive Mundpropaganda können Unternehmen von Kundenzufriedenheit profitieren.[34] Laut Marktanalysen der „Eismann Tiefkühl-Heimservice GmbH" werben im Schnitt 100 zufriedene Kunden 30 neue Kunden.[35] Die hohe Anzahl ist damit zu begründen, dass zufriedene Kunden über ihre positive Erfahrungen sprechen, sie empfehlen somit das Unternehmen weiter.[36]

Personalfluktuationskosten

Stehen Mitarbeiter mit unzufriedenen Kunden in Kontakt, führt dies tendenziell auch zu einer verminderten Mitarbeiterzufriedenheit. Im schlimmsten Fall hat dies zur Folge, dass der unzufriedene Mitarbeiter das Unternehmen wechselt.

Einen Unternehmenswechsel ziehen zufriedene Mitarbeiter dementsprechend seltener in Betracht. Durch langfristige Tätigkeit/ Kontakt mit ihren Kunden, lernen sie diese oftmals noch besser kennen.[37]

Das Unternehmen spart dadurch nicht nur Anwerbungs- und Schulungskosten von neuen Mitarbeitern.[38] Durch die langfristige Beziehung zwischen Mitarbeiter und Kunde entsteht zudem eine engere Kundenbindung.[39]

2.2.2.2 Gewinn- und Erfolgswirkungen

Wie bereits erläutert, führt Kundenbindung zu Gewinn- und dadurch auch zu Erfolgssteigerungen. Fortfolgend wird darauf näher eingegangen.

Preisspielräume

Neukunden profitieren bei ihrem Erstkauf oftmals von Lockvogelangeboten. Dabei werden Rabatte oder Sonderangebote beim erstmaligen Kauf offeriert.[40]

Unternehmen mit einem festen Kundenstamm können somit erhöhte Preise fordern. Dies ist damit zu begründen, dass Stammkäufer keinen Neukundenrabatt erhalten und zudem für eine hohe, von ihnen wahrgenommene Qualität ent-

---

[34] Vgl. ebd., S. 40.
[35] Vgl. Peter 1997, S. 44.
[36] Vgl. Bergmann 1998, S. 40.
[37] Vgl. Reichheld 1997, S. 62.
[38] Vgl. ebd., S. 125.
[39] Vgl. ebd., S. 62.
[40] Vgl. Bergmann 1998, S. 43.

sprechende Preissteigerungen in Kauf nehmen. Bei Kaufentscheidungen spielen Erfahrungswerte eine wichtige Rolle. Viele Konsumenten ziehen daher ein für sie bereits bekanntes Produkt, einem Unbekannten, vor.[41]

Marktanteilseffekte

Gelingt es einem Unternehmen Kunden langfristig zu binden, so tritt der sogenannte „**Kundenvolumeneffekt**" ein. Dieser besagt, dass sich der Kundenstamm schneller erhöht, falls ein Unternehmen es schafft, die Abwanderungsrate seiner Kunden zu senken.[42]

Ein zweiter nennbarer Marktanteilseffekt, ist die sogenannte „**Gewinn-je-Kunde-Wirkung**".[43] Habitualisierung stellt einen großen Einfluss auf das Kaufvolumina dar. Je häufiger ein Kunde einen Kauf beim selben Unternehmen tätigt, desto mehr wird der Kauf zur Gewohnheit.[44]

An dieser Stelle setzt zudem der „**Cross-Selling-Effekt**" ein. Dabei wird der zusätzliche Kauf anderer Produkte des Unternehmens verstanden.[45] Gute Erfahrungen von vorhergegangenen Käufen werden dabei auf andere Produkte des selben Anbieters übertragen.[46]

Wird eine Kundenbeziehung über viele Jahre aufrechterhalten, tritt zuletzt der „**Lebenszyklus des Kunden-Effekt**", ein. Die Finanzkraft des Kunden ist oft vom Lebensalter und der damit zusammenhängenden beruflichen Situation abhängig. Gelingt es einem Unternehmen seine Kunden langfristig zu binden, so kann dieses von der verbesserten finanziellen Situation des Nachfragers profitieren.[47]

---

[41] Vgl. Hentschel 1992, S. 48.
[42] Vgl. Reichheld 1997, S. 51 f.
[43] Vgl. Bergmann 1998, S. 45.
[44] Vgl. ebd.
[45] Vgl. ebd., S. 46.
[46] Vgl. Simon 1985, S. 33.
[47] Vgl. Bergmann 1998, S. 46.

Begriffliche Grundlagen

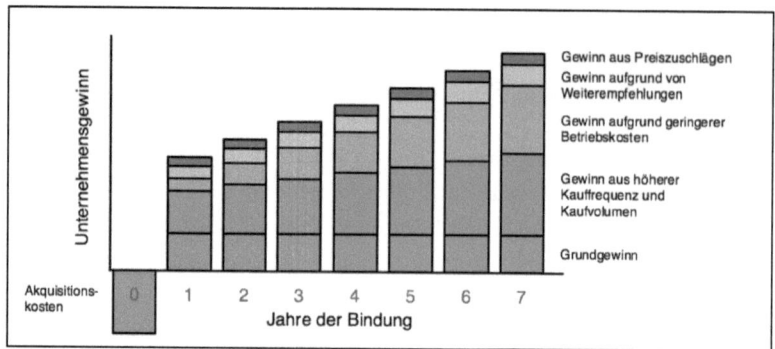

Abbildung 2: Nutzen langfristiger Kundenbindung auf Unternehmensgewinn
Quelle: Eigene Darstellung in Anlehnung an Reichheld 1997, S. 52

Abbildung 2 zeigt wie Unternehmen an erfolgreich gebundenen Kunden profitieren können. Dieser Effekt ist zwar branchenabhängig, dennoch sorgt Kundenbindung für einen höheren Marktanteil, erhöhte Stückgewinne je Verkaufseinheit sowie einer Verbesserung der Gesamtkapitalrentabilität.[48]

2.2.3 Entstehung von Kundenbindung

Aus Sicht der nachfrageorientierten Perspektive gibt es unterschiedliche Gründe sich an ein Unternehmen zu binden. Grundsätzlich können diese Faktoren in die beiden Bereiche, **Gebundenheit** und **Verbundenheit**, eingeteilt werden (siehe Abbildung 3).[49]

---

[48] Vgl. Müller und Riesenbeck 1991, S. 70.
[49] Vgl. Georgi 2000, S. 49.

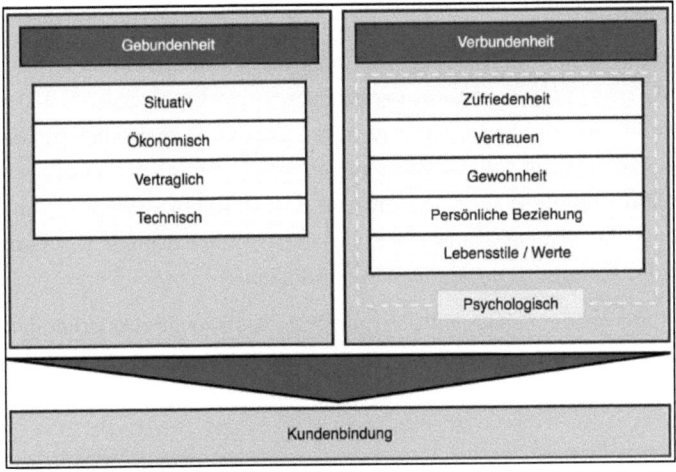

Abbildung 3: Ursachen für Kundenbindung
Quelle: Eigene Darstellung in Anlehnung an Zimmermann 2012, S. 17

Im Folgenden wird auf Gebundenheit und Verbundenheit genauer eingegangen.

Gebundenheit

Gebundenheit stellt eine unfreiwillige Bindung an ein Unternehmen dar. Der Kunde wird dabei an einem Anbieterwechsel gehindert. Diese Form der Bindung kann durch vier Ursachen hervorgerufen werden:

- **Situative Bindung** (äußere Faktoren, zum Beispiel Marktbeschaffenheit)[50]
- **Ökonomische Bindung** (finanziell unvorteilhaft, zum Beispiel hohe Wechselkosten)
- **Vertragliche Bindung** (vertragliche Abhängigkeit, zum Beispiel Vertrag im Fitnessstudio mit einer festen Laufzeit)[51]
- **Technische Bindung** (technisch-funktionale Abhängigkeit, zum Beispiel Wechsel führt zu Problemen mit der Kompatibilität des Computersystems)[52]

---

[50] Vgl. Meyer und Oevermann 1995, S. 1341.
[51] Vgl. Gröppel-Klein, Königstorfer, und Terlutter 2010, S. 46 f.
[52] Vgl. Bruhn und Homburg 2010, S. 11.

Verbundenheit

Verbundenheit stellt eine freiwillige Bindung an ein Unternehmen dar. Sie kann auch als eine **psychologische Bindungsursache** bezeichnet werden.[53] Als wesentlicher Charakterzug der Verbundenheit ist die zwanglose, freiwillige Bindung des Kunden an das Unternehmen hervorzuheben.[54] [55] Zu dieser Bindungsursache zählen neben **Zufriedenheit** auch **persönliche Beziehungen** sowie **Gewohnheiten** des Kunden.[56] Je nach Forschungsansatz können weitere Aspekte wie **Vertrauen** oder auch der **Lebensstil** des Kunden miteinfließen.[57]

Eine vom Unternehmen eingesetzte Verbundenheitsstrategie zielt daher darauf ab, dass der Kunde auf freiwilliger Basis nicht wechseln möchte. Verbundenheit kann daher als Bindung, welche im Interesse und Willen des Kunden ist, beschrieben werden.[58]

In dieser Arbeit wird auf freiwillige Kundenbindung näher eingegangen. Auf Grund dessen wird im Folgenden der Begriff Kundenbindung mit der freiwilligen Kundenbindung gleichgesetzt.

2.2.4 Fünf Faktoren der Verbundenheit

Um Unklarheiten in Bezug auf die fünf Faktoren der Verbundenheit zu vermeiden, wird fortfolgend näher auf die einzelnen Elemente eingegangen.

2.2.4.1 Kundenzufriedenheit

Unternehmer, die Unzufriedenheit bei ihren Kunden vermeiden oder diese zu Zufriedenheiten umwandeln möchten, müssen verstehen wie Zufriedenheit entsteht.[59]

Kundenzufriedenheit kann als „Nachkaufphänomen, bei dem der Kunde erworbene Produkte oder Dienstleistungen anhand seiner gewonnen Nutzungs-

---

[53] Vgl. Meyer und Oevermann 1995, S. 1341.
[54] Vgl. Bliemel und Eggert 1998, S. 39.
[55] Vgl. Bruhn 2001, S. 74.
[56] Vgl. Bruhn und Homburg 2010, S. 11.
[57] Vgl. Gröppel-Klein, Königstorfer, und Terlutter 2010, S. 51.
[58] Vgl. Bliemel und Eggert 1998, S. 41.
[59] Vgl. Stauss und Seidel 2007, S. 59.

erfahrungen beurteilt",[60] bezeichnet werden. Kundenzufriedenheit ist eine zentrale Voraussetzung für freiwillige Kundenbindung.[61]

Kano-Modell

Das Kano-Modell (Abbildung 4), ein Kundenzufriedenheitsmodell, zeigt anhand von drei Merkmalen wie und in welchem Maße Kundenzufriedenheit entstehen kann:

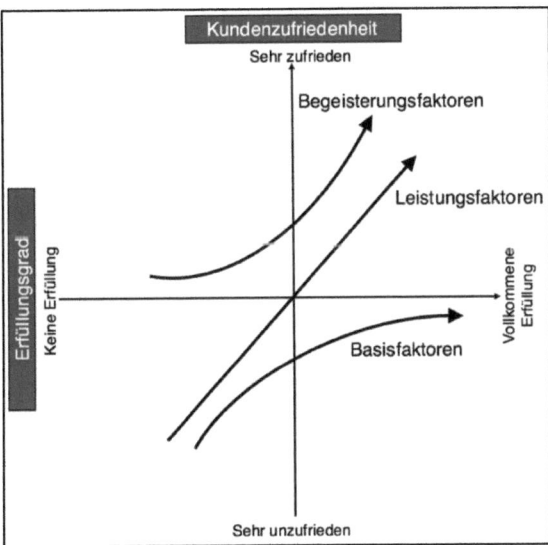

Abbildung 4: Kano – Zufriedenheitsmodell
Quelle: Eigene Darstellung in Anlehnung an Jammernegg/ Kischka 2001, S. 37

- **Basisfaktoren**: Werden vom Kunden vorausgesetzt, sorgen bei Erfüllung nicht für Zufriedenheit, sondern führen bei Fehlen zu unverhältnismäßig hoher Unzufriedenheit.[62]

---

[60] Springer Gabler (Hrsg.) o. J., S. 263.
[61] Vgl. Burmann 1991, S. 249 ff.
[62] Vgl. Meidl 2013, S. 92.

- **Leistungsfaktoren**: Eigenschaften an Produkt/ Dienstleistung, die vom Kunden explizit verlangt werden. Bei Nichterfüllung entsteht Unzufriedenheit. Werden die Leistungsmerkmale jedoch übertroffen, ist ein entsprechender Anstieg der Kundenzufriedenheit zu verzeichnen.[63]
- **Begeisterungsfaktoren**: Merkmale die vom Kunden nicht erwartet werden. Diese lösen Überraschung und Begeisterung aus, führen dadurch zu einer überproportional hohen Zufriedenheit.[64]

Anhand eines Beispiels sollen die drei genannten Faktoren genauer erläutert werden:

Ein Kunde bestellt über einen Online-Shop einen neuen Standmixer. Die Bestellung wird durch einen leichtgängig- und intuitiv- bedienbaren Bestellprozess abgewickelt (**Basisfaktor**). Vom Shop wurden drei Tage als Lieferdauer angegeben. Das Produkt wird jedoch bereits am darauffolgenden Tag geliefert (**zufriedenheitssteigernder Leistungsfaktor**). Neben dem Mixer enthält das Paket eine kostenfreie Kräutermischung für grüne Smoothies (**zufriedenheitssteigernder Begeisterungsfaktor**).

Zum Kano-Modell kann abschließend gesagt werden, dass Unternehmen alle drei Faktoren der Kundenzufriedenheit befriedigen sollten. Dafür muss der Shopbetreiber die Wünsche und Bedürfnisse seiner Kunden kennen. Hierfür bietet sich eine, im Kapitel 3.1 erläuterte, „Zielgruppen- und Bedürfnisanalyse" an. Durch ein hohes Maß an positiven Leistungs- und Begeisterungsfaktoren kann eine überproportionale Zufriedenheit beim Konsumenten geschaffen werden.[65]

2.2.4.2 Kundenvertrauen

„Einer unserer wichtigsten Grundsätze ist es, ihr Vertrauen nicht zu enttäuschen".[66] Bereits 1983 warb die Daimler-Benz AG mit diesem Werbeslogan und implizierte damit wie wichtig Vertrauen in einer Geschäftsbeziehung ist.

---

[63] Vgl. ebd., S. 93.
[64] Vgl. ebd., S. 93 f.
[65] Vgl. ebd., S. 90 ff.
[66] o.V. Werbeaussage der Daimler-Benz AG, 1983 zitiert nach Simon 1985, S. 5.

„Kundenvertrauen ist eine wertende Haltung gegenüber dem Anbieter bzw. seinem Angebot an Waren und Dienstleistungen und resultiert aus der Erwartung der Kunden, von ihrem Anbieter vorteilhaft behandelt zu werden."[67]

Kundenvertrauen setzt sich aus zwei Bestandteilen zusammen, einer emotionalen und einer zukunftsorientieren Komponente. Vertrauen entsteht entweder aus vergangenen positiven Eindrücken oder aus einer vertrauenswürdigen Kommunikationspolitik seitens des Anbieters.[68]

2.2.4.3 Gewohnheit

Gewohnheit kann als selbstverständlich gewordene Handlung, welche durch häufiges Wiederholen eingetreten ist und automatisiert sowie unterbewusst abläuft, bezeichnet werden.[69] [70]

Tritt ein Reiz beim Nutzer ein, so greift dieser auf sein Langzeitgedächtnis zu um eine befriedigende Reaktion zu finden.[71]

Gewohnheiten können ebenfalls durch kognitiv verarbeitete Erfahrungen ausgelöst werden. Hierbei wird in Folgekaufsituationen zunächst rational entschieden. Dies entwickelt sich jedoch im Laufe der Zeit zu Gewohnheitskäufen.[72] Begründet kann dies dadurch werden, dass Menschen geistige Anstrengungen gerne vermeiden um körperliche Energie einzusparen zu können.[73]

2.2.4.4 Persönliche Beziehung

Durch Interaktionen zwischen Kontaktmitarbeitern und Kunden kann eine persönliche Beziehung sowie eine daraus resultierende Kundenbindung, entstehen.[74] Der Vorteil einer persönlichen Beziehung kann sich dahingehend bemerkbar machen, dass der Kunde häufiger im Online-Shop einkauft und sich, gegenüber anderen Nutzern, bevorzugt behandelt fühlt.[75]

---

[67] Bliemel und Eggert 1998, S. 40.
[68] Vgl. ebd.
[69] Bibliographisches Institut GmbH (Hrsg.) 2017.
[70] Vgl. Hoffmann und Akbar 2016, S. 107.
[71] Vgl. Müller 2005, S. 70 f.
[72] Vgl. ebd., S. 172.
[73] Vgl. Kahneman 2017, S. 33.
[74] Vgl. Hennig-Thurau 2001, S. 235.
[75] Vgl. Peterson 1995, S. 280 f.

Aus Nutzersicht kann eine persönliche Beziehung zum Mitarbeiter soweit reichen, dass diese über die eigentliche Geschäftsbeziehung hinauswirkt. Der Kunde kann von der Persönlichkeit des Gegenübers derart angetan sein, dass die Geschäftsbeziehung nebensächlich und somit nur zweitrangig bewertet wird.[76]

2.2.4.5 Wertetrends und Lebensstil

Lebensstil und Wertetrends eines Nutzers können ebenfalls zur Bindung an ein Unternehmen beitragen.[77] Aufgrund dessen kann die Verbundenheit eines Nutzers gegenüber einem Online-Shop positiv oder auch negativ ausfallen.[78]

Stellt sich der Lebensstil eines Kunden zum Beispiel als sehr nachhaltig heraus, so könnte dieser, falls der Shop ebenfalls Nachhaltigkeit vermittelt, zur Kundenbindung beitragen.

Es ist ebenso zu erwähnen, dass sich Werte und Lebensstile kontinuierlich verändern.[79] Dies könnte dazu führen, dass eine Geschäftsbeziehung ohne jegliche Beweggründe vom Kunden beendet wird.

2.3 Nachkaufphase

Als Nachkaufphase wird der Zeitraum nach Abschluss des Kaufes bis hin zur Entsorgung der Erwerbung beschrieben.[80]

Die auf den Kaufakt folgende Nachkaufphase wird nicht als Ende der Kundenbeziehung gesehen, sie soll vielmehr die nächste Vorkaufphase einleiten.[81]

In Bezug auf Kundenbindung wird der Nachkaufphase eine besonders hohe Bedeutung zugeschrieben. Auf Grundlage dessen sollte ein Beziehungspflege-Mix, welcher aus nützliche Informationen und Serviceleistungen besteht, kundenbindend eingesetzt werden.[82] [83]

---

[76] Vgl. Goodwin und Gremler 1996, S. 264.
[77] Vgl. Zimmermann 2012, S. 25 f.
[78] Vgl. ebd., S. 26.
[79] Vgl. ebd.
[80] Vgl. Grunwald und Hempelmann 2017, S. 13.
[81] Vgl. Bruhn und Homburg 2010, S. 521.
[82] Vgl. Töpfer und Wieder 1996, S. 308.
[83] Vgl. Bruhn und Homburg 2010, S. 521.

3 Kundenbindende Erfolgsfaktoren

Im Folgenden wird auf kundenbindende Erfolgsfaktoren, welche von kleinen und mittelständischen Online-Shops umgesetzt werden können, genauer eingegangen. Bevor diese jedoch eingesetzt werden können, sollte zwingend eine Zielgruppen- und Bedürfnisanalyse durchgeführt werden.[84]

3.1 Zielgruppen- und Bedürfnisanalyse

Das Erheben der Zielgruppe stellt die meisten Shopbetreiber vor keine größere Herausforderung. Mit Hilfe eines Analyse-Tools kann die Verteilung der Zielgruppe nach Herkunft, Alter und Geschlecht bestimmt werden.

Für das Zielgruppenverständnis ist die Analyse demografischer Daten eine gute Basis. Nutzer verkörpern jedoch gewisse Werte, besitzen Wünsche und Erwartungen. Um Kunden zielgerichtet ansprechen zu können reicht daher eine Zielgruppenanalyse nicht aus. Es muss, mit Hilfe von Erkenntnissen aus der neuronalen Forschung, eine Bedürfnisanalyse durchgeführt werden.[85]

Um die Bedürfnisse der Zielgruppe ausfindig zu machen, bietet sich eine Analyse mit Hilfe von eigens erstellen Personas, sowie die Betrachtung der Limbic-Map besonders an.

3.1.1 Erstellen von Personas

Eine Persona, oder auch Kundentyp genannt,[86] ist ein Prototyp für einen typischen Online-Shop-Nutzer. Dies ist eine fiktiv erstellte Person, welche als Stellvertreter für die Zielgruppe des Shops dient.[87] Um dieser Person reale Eigenschaften zuweisen zu können, sollte bei der Erstellung ein Mitarbeiter mit Kundenkontakt hinzugezogen werden.[88] Folgende Eigenschaften werden einer Persona zugewiesen:

1. Vor- und Zuname
2. Alter
3. Geschlecht

---

[84] Vgl. Kraus 2017.
[85] Vgl. ebd.
[86] Vgl. Freund 2016.
[87] Vgl. Rosch 2016.
[88] Vgl. Henrici 2012.

4. Beruf
5. Wünsche
6. Ängste
7. Vorstellungen
8. Spezifische Nutzerverhalten[89]
9. Foto[90]

Abbildung 5: Beispielhafte Persona
Quelle: Kraus 2017

Dieses Vorgehen wird mehrmals wiederholt, bis mehrere Personas, mit relativ unterschiedlichen Eigenschaften, erstellt sind.

Die ausgearbeiteten Personas werden nun auf Überschneidungen in ihren Eigenschaften untersucht. Hierdurch kristallisieren sich sogenannte „Meta-Personas" heraus, welche die relevanten Eigenschaften mehrerer Personas in sich vereinen.[91]

Nun sollte die Limbic-Map herangezogen werden, um die ausgearbeiteten Meta-Personas in Eigenschaftsbereiche einordnen zu können.

---

[89] Vgl. Kraus 2017.
[90] Vgl. Rosch 2016.
[91] Vgl. Henrici 2012.

3.1.2 Einordnung auf Limbic-Map

Neben Vital-Bedürfnissen wie Essen, Trinken, Atmung, Schlaf sowie Sexualität, ist das gesamte menschliche Verhalten nach drei Emotionssystemen aufgebaut.[92] Die **Emotionssysteme Balance, Stimulanz und Dominanz sind in jedem menschlichen Individuum verankert.** Allein die Stärke beziehungsweise die Ausprägungen dieser Systeme sind unterschiedlich.[93] Um den Kundentyp mit Hilfe der Limbic-Map bestimmen zu können, sollten zuerst die Emotionssysteme verstanden werden:

- **Balance-System** („Vermeide jede Veränderung"[94])

    Grundsätzlich kann das Balance-System als die innere Kraft des Bewahrens und Beharrens beschrieben werden.[95] Menschen mit einem ausdrucksstarken Balance-System bevorzugen Ordnung und Stabilität.[96] Zudem zählen Sicherheit und Konstanz zu ihren Wünschen.[97]

    Shopbetreiber sollten bei Marketingmaßnahmen oder Kommunikation mit diesem Emotionstyp besonders fürsorglich vorgehen, ihm Sicherheit geben, ruhig sprechen und hohe Zuverlässigkeit vermitteln/ aufweisen.[98]

- **Stimulanz-System** („Sei anders"[99])

Im Gegensatz zum Balance-System, ist das Stimulanz-System, ebenso wie das fortfolgend erläuterte Dominanz-System, eine treibende Kraft der Veränderung.[100] Personen, welche ein ausgeprägtes Stimulanz-System aufweisen, suchen Abwechslung, streben nach neuartigen unbekannten Reizen und besitzen großes Interesse daran Langeweile zu vermeiden.[101] Um dieses Ziel zu erreichen, verlässt der

---

[92] Vgl. Häusel 2005, S. 36.
[93] Vgl. ebd., S. 29 f.
[94] Seßler 2011, S. 34.
[95] Vgl. Häusel 2005, S. 36.
[96] Vgl. Seßler 2011, S. 34.
[97] Vgl. Häusel 2005, S. 17.
[98] Vgl. Seßler 2011, S. 34.
[99] Ebd., S. 35.
[100] Vgl. Häusel 2005, S. 36.
[101] Vgl. ebd., S. 85.

Stimulanz-Typ gerne den regulären Pfad und versucht anders als seine Mitmenschen zu sein.[102]

Für den Shopbetreiber gilt in diesem Fall:

Dem Kunden muss Überraschendes, Neues und Einzigartiges geboten werden. Aus diesen Gründen sollten die neusten Trends aufgezeigt und auf Innovationen, zum Beispiel bei der Warenpräsentation, geachtet werden. Bestenfalls sollte dem Nutzer der Einkauf wie ein Erlebnis vorkommen. Bewunderung und auch der Einsatz von ausgefallenen Designs stimuliert diesen Kundentyp.[103]

- **Dominanz-System** („Sei besser als die Anderen"[104])

Personen mit einem ausgeprägten Dominanz-System verfolgen das Kernziel der Konkurrenzverdrängung. Sie wollen sich durchsetzen, ihre Macht vergrößern, ihr Territorium erweitern, eigenständig und auch aktiv sein.[105]

Maßnahmen des Shop-Betreibers sollten in diesem Fall darauf abzielen, dem Kunden das Gefühl zu vermitteln, er gehöre zu den Gewinnern.

Online-Shops sollten Stärke und Schnelligkeit versprechen, beeindruckende Zahlen nennen, ein Siegesgefühl vermitteln und dem Kunden Professionalität aufzeigen. Ausschweifungen sollten vermieden und Aussagen bestenfalls mit fundiertem Wissen oder durch wissenschaftliche Quellen bewiesen werden.[106]

Emotionssysteme sind größtenteils gleichzeitig aktiv, daraus resultieren Emotionsmischungen:

- **Kombination aus Dominanz und Stimulanz:** *Abenteuer/ Thrill*

Hierbei gilt es sich für den Kundentyp zu beweisen und dabei Neues zu entdecken.

- **Kombination aus Balance und Stimulanz:** *Fantasie/ Genuss*

Neues wird nicht reell entdeckt, es wird vielmehr fantasiert und geträumt. Dies liegt daran, dass durch das Stimulanz-System gerne Neues entdeckt werden möchte, dies jedoch vom Balance-System ausgebremst wird.

---

[102] Vgl. Seßler 2011, S. 35.
[103] Vgl. ebd., S. 36.
[104] Ebd.
[105] Vgl. Häusel 2005, S. 69.
[106] Vgl. Seßler 2011, S. 36.

- **Kombination Balance und Dominanz:** *Disziplin/ Kontrolle*

Das Balance-System möchte, dass alles so bleibt wie es ist. Das Dominanz-System will jedoch das Geschehen dominieren und Spielregeln bestimmen.[107]

Unter Zuhilfenahme der Limbic-Map, müssen nun die im vorhinein erstellten Meta-Personas den passenden Emotionssystemen zugeordnet werden.[108] Dies geschieht, indem den prototypischen Benutzern die passenden Werte, Motive und Wünsche, welche auf der Limbic-Map (Abbildung 6) vorhanden sind, zugeschrieben werden.[109]

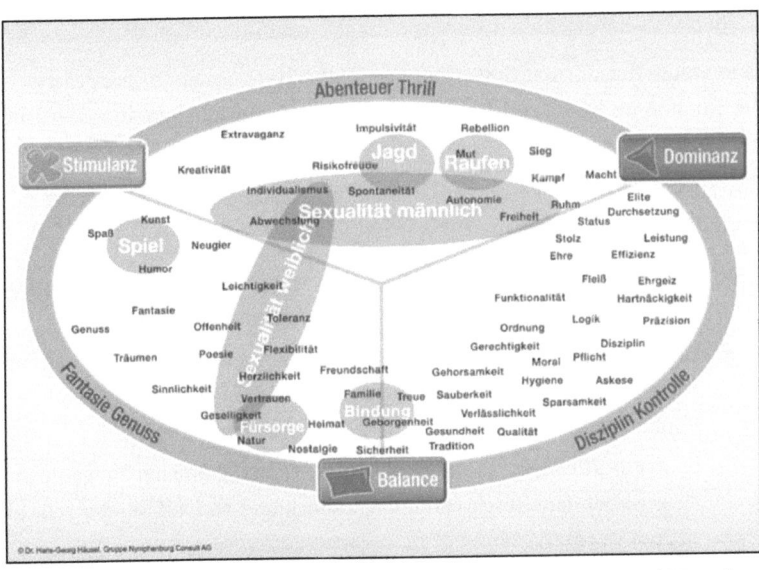

Abbildung 6: Limbic-Map –Menschliche Emotionssysteme, Motive, Werte und Wünsche
Quelle: Gruppe Nymphenburg (Hrsg.)

Stellt sich nach der Ausarbeitung des jeweils dominierenden Emotionssystem heraus, dass die Emotionstypen der Meta-Personas stark voneinander abweichen, so müssen diese nach Unternehmenswert priorisiert werden.[110] Hierbei werden die Meta-Personas nach vorkommender Häufigkeit und Unternehmenswert

---

[107] Vgl. ebd., S. 41 f.
[108] Vgl. Kraus 2017.
[109] Vgl. Gruppe Nymphenburg (Hrsg.) o. J.
[110] Vgl. Kraus 2017.

sortiert.[111] Die vorgestellten Bindungsmaßnahmen sollten für das Emotionssystem mit der höchstpriorisierten Meta-Persona ausgelegt werden.[112] Denn je eher diese Maßnahmen das Emotionssystem des Nutzers ansprechen, desto wahrscheinlicher ist ein Wiederkauf.[113]

3.2 Beschwerdemanagement

Das Beschwerdemanagement wird als „der systematische unternehmerische Umgang mit Kundenbeschwerden",[114] beschrieben. Als Ziel kann die Vermeidung von abwandernden Kunden, aufgrund von Unzufriedenheit und das Aufzeigen von betrieblichen Schwachstellen als Marktchance genannt werden.[115]

Eine Studie der „forum! GmbH" aus dem Jahr 2007 besagt, dass circa zwei Drittel der Kunden im B2C-Bereich nicht mit der Beschwerdebehandlung der Unternehmen zufrieden sind.[116]

Die Zufriedenheit der Beschwerdebehandlung kann dabei an **vier zentralen Qualitätsdimensionen** ausgemacht werden:[117]

- **Zugänglichkeit:** Aufwand, der vom Beschwerenden erbracht werden muss, um problemlösenden Ansprechpartner zu finden.
- **Interaktionsqualität:** Kundenorientierte Annahme und Bearbeitung der Beschwerde. Untergliedert wird die Interaktionsqualität in folgende Punkte, welche vom Personal umgesetzt werden müssen:
  - *Freundlichkeit/ Höflichkeit:* Angebrachter, höflicher Umgangston gegenüber dem Beschwerenden; Zuvorkommend auf Beschwerde eingehen.
  - *Einfühlungsvermögen/ Verständnis:* Kundenperspektive einnehmen und Beschwerde individuell behandeln.
  - *Bemühtheit/ Hilfebereitschaft:* Ausgesprochen große Hilfsbereitschaft zeigen, um das Problem im Sinne des Kunden zu bewerkstelligen.

---

[111] Vgl. ebd.
[112] Vgl. ebd.
[113] Vgl. Häusel 2005, S. 187.
[114] Springer Gabler (Hrsg.) o. J., S. 53.
[115] Vgl. ebd.
[116] Vgl. forum! Grundlagenforschung Excellence Barometer 2007 zitiert nach Becker und Daschmann 2016, S. 201.
[117] Vgl. Stauss und Seidel 2007, S. 329 f.

- o **Aktivität/ Initiative:** Aktiv auf Kunden zugehen um Problem mit größtmöglicher Kundenzufriedenheit zu lösen. Bei Verzögerungen muss der Kunden darüber unterrichtet werden.
- o **Verlässlichkeit:** Versprechen in zeitlich- und inhaltlicher Hinsicht einhalten.
- **Reaktionsschnelligkeit:** Dauer in der die Anfrage bearbeitet, Eingangsbestätigungen versendet und das Problem gelöst wird.
- **Angemessenheit/ Fairness:** Angemessenheit/ Fairness der angebotenen Widergutmachung und Problemlösung.[118] [119] [120]

In Abbildung 7 wird grafisch der Zusammenhang zwischen Zufriedenheit beziehungsweise Unzufriedenheit des Kunden, in Bezug auf die vom Kontaktmitarbeiter gegebene Beschwerdeantwort, dargestellt.

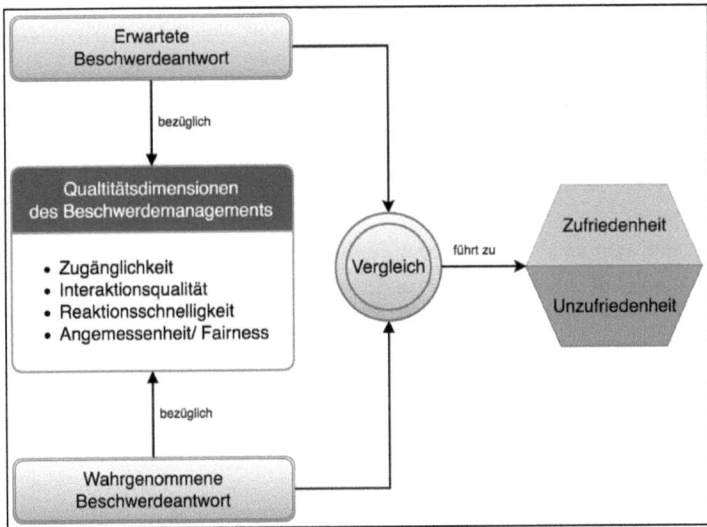

Abbildung 7: Dimensionen und Merkmale der Beschwerdezufriedenheit
Quelle: Eigene Darstellung in Anlehnung an Bruhn/Homburg 2010, S. 525

Eine 2015 veröffentlichte Studie im „Journal of Retailing" zeigt eine wichtige Erkenntnis für die Angemessenheit der Wiedergutmachungen.

---

[118] Ebd., S. 330.
[119] Vgl. Bruhn 2016, S. 153.
[120] Vgl. Bruhn und Homburg 2010, S. 426.

Ein durch das Unternehmen hervorgerufener **ökonomischer Fehler ist nur bei schwachen Kundenbeziehungen durch eine entgeltliche Wiedergutmachung zu kompensieren.** Stark gebundene Kunden sind im Vergleich dazu bereits mit einer zeitnahen Wiedergutmachung und einer Fehlererklärung, inklusive Entschuldigung, zufrieden. Eine starke Kundenbindung ist daher auch in Bezug auf Wiedergutmachungen für das Unternehmen profitabel.[121]

Grundsätzlich sollten Kundenbeschwerden nicht als Last angesehen werden. Einerseits wird dem Online-Shop die eine oder andere Schwachstelle im Leistungsspektrum aufgezeigt. Andererseits wollen beschwerende Kunden auch weiterhin Kunden des Unternehmens bleiben.[122]

Im Gegensatz zur kostenintensiven Absatzgenerierung durch Neukunden, kann mit deutlich geringeren Kosten ein beschwerender Kunde an das Unternehmen gebunden werden.[123]

Dieser positive Effekt wird der nachträglich entstandenen Kundenzufriedenheit zugeschrieben. Dabei spielt ein Phänomen, welches sich „**Beschwerde Paradoxon**" nennt, eine entscheidende Rolle. Kunden, deren Beschwerde befriedigend beantwortet wurde, weißen demnach einen höheren Grad an Zufriedenheit, als Kunden ohne aufgetretenem Beschwerdegrund, auf.[124] Hierdurch kann die Stärke der Bindung bis auf ein Maß ansteigen, dass der Kunde keine Konkurrenzangebote mehr in Betracht zieht, positive Mund-zu-Mund-Propaganda betreibt sowie jegliche Leistungen des Unternehmens in Anspruch nimmt.[125]

---

[121] Vgl. Cambra-Fierro, Melero, und Sese 2015, S. 111 ff.
[122] Vgl. Bender 2015, S. 24.
[123] Vgl. Bruhn 2016, S. 148.
[124] Vgl. Stauss und Seidel 2007, S. 74 f.
[125] Vgl. Bruhn 2016, S. 147.

3.3 Bestellbestätigungsseite

Die erste Webseite, die ein Kunde nach Kaufabschluss sieht, ist die Bestellbestätigungsseite. Diese Seite, welche auch als Checkout- oder Danke-Seite bezeichnet wird, muss den Kunden darüber informieren, dass seine Bestellung korrekt und sicher eingegangen ist.[126]

Oftmals wird, wie in Abbildung 8 zu sehen ist, mit einem einfachen „Vielen Dank für Ihre Bestellung" und einem kurzen Hinweis auf die Bestätigungsmail, der erfolgreiche Kaufabschluss vermittelt.[127]

Abbildung 8: Bestellbestätigungsseite des Bundesanzeiger Verlag
Quelle: Licht 2012

Bei Shopbetreibern sollte ein Umdenken stattfinden, denn mit derartigen Aufmachungen wird dem Kunden das Gefühl vermittelt, dass er nun bitte die Website verlassen soll.

Shopbetreibern muss klar sein, dass der Kunde durch den Kaufabschluss Vertrauen und Zufriedenheit gegenüber dem Shop suggeriert.[128] Des Weiteren besagt der **„Rezenzeffekt"**, dass der letzte Eindruck, in diesem Fall die letzte besuchte Seite

---

[126] Vgl. TWT Digital Group (Hrsg.) 2013.
[127] Vgl. Licht 2012.
[128] Vgl. ebd.

bei einer Online-Bestellung, einen besonders hohen Stellenwert auf den Gesamteindruck besitzt.[129]

Die Bestellbestätigungsseite sollte daher als eine Art Visitenkarte für das Unternehmen angesehen werden.[130]

Folgende Informationen sollten auf einer Bestellbestätigungsseite vorhanden sein:

- Bestellnummer
- Verweis auf Bestellbestätigungsmail
- Kontaktmöglichkeit für Fragen (bestenfalls mit Foto eines Mitarbeiters)[131]
- Hyperlink welcher zurück zum Shop führt
- Verweis auf Newsletter (falls vorhanden)
- Gütesiegel und Sicherheitszertifikate einblenden (falls vorhanden)[132]
- „Share-Button" (falls Social-Media-Auftritt vorhanden) [133]

Jede Weitere, für den User nützliche Angabe, welche das Gefühl einer korrekten Entscheidung vermittelt, stärkt das Vertrauen gegenüber dem Shop und bleibt beim Nutzer positiv im Gedächtnis.[134]

Fortfolgend werden zufriedenheits- und vertrauensfördernde Maßnahmen, welche wiederrum zur Stärkung der Kundenbindung und im besten Fall zu Wiederkäufen führen sollen, anhand von zwei Varianten für Bestellbestätigungsseiten, aufgezeigt.

3.3.1 „Das passiert als nächstes"-Methode

Nach dem eigentlichen Kauf tritt beim Kunden fast immer eine kurzweilige Phase ein in der dieser über den Kauf nachdenkt, zweifelt oder im schlimmsten Fall seine Entscheidung bedauert. Man spricht bei dieser Reflektion von der „**Post-Mortem-**

---

[129] Vgl. Herrmann 2014.
[130] Vgl. Puscher 2013.
[131] Vgl. Grimminger 2011.
[132] Vgl. Puscher 2013.
[133] Vgl. TWT Digital Group (Hrsg.) 2013.
[134] Vgl. Grimminger 2011.

Analyse". Diese kann als eine Bewertung für das eigene Handeln angesehen werden.[135]

Mit der „Das passiert als nächstes"-Methode soll dem User das Gefühl vermittelt werden, die richtige Entscheidung getroffen zu haben.

Mit Hilfe einer gut strukturierten Darstellung, welche alle betriebsinternen Schritte bis zur Paketauslieferung darstellt, kann die Post-Mortem-Analyse unterdrückt werden.[136]

Beispielhaft kann dafür die Bestellabschlussseite des Liederdienstes „Lieferheld.de" (Abbildung 9) in Betracht gezogen werden.

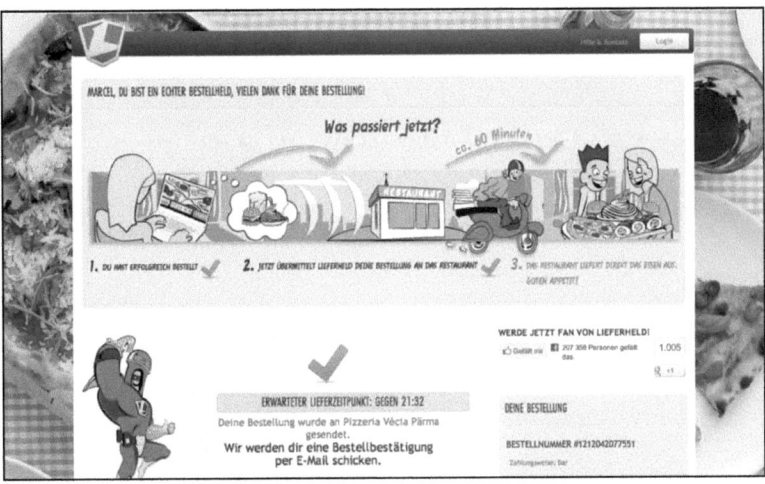

Abbildung 9: Bestellbestätigungsseite Lieferheld.de
Quelle: Licht 2012

---

[135] Vgl. Licht 2012.
[136] Vgl. ebd.

3.3.2 Authentisches Dankeschön

Eine weitere einfach umsetzbare Variante der Bestellbestätigungsseite ist das sogenannte „authentische Dankeschön".

Authentisch bedeutet nach dem griechischen Wortstamm „echt".[137] Personen die ehrlich und authentisch wirken, werden als kompetent, sympathisch, zuverlässig und auch glaubwürdig eingeschätzt.[138]

Diese Eigenschaften könnten mit Hilfe einer authentischen Bestellabschlussseite auch auf die Website übertragen werden. Beispielhaft für eine gelungene Umsetzung kann „Bergfreunde.de" hervorgehoben werden.[139]

Hierbei stehen Personen, wahrscheinlich Mitarbeiter, im Vordergrund, welche authentisch das Wort „Danke" in Papierform halten (siehe Abbildung 10).

Abbildung 10: Bestellabschlussseite Bergfreunde.de
Quelle: Licht 2012

Die Körpersprache und der Blickkontakt der Personen tragen ebenfalls zu einem authentischen Gesamteindruck bei und vermitteln somit **Vertrauen**.[140]

---

[137] Vgl. Moesslang 2010, S. 29.
[138] Vgl. ebd., S. 36.
[139] Vgl. Licht 2012.
[140] Vgl. Moesslang 2010, S. 36.

Diese Variante der Bestellabschlussseite können Shopbetreiber ebenfalls auf ihrer Website einbinden. Dabei könnte ein Mitarbeiter, in einer alltäglichen Arbeitssituation und den Worten „Vielen Dank für Ihre Bestellung", fotografieren werden.

3.4 Versand und Logistik

Aus Sicht des Unternehmenserfolgs ist der Themenbereich Versand und Logistik für Online-Händler besonders wichtig. Während sich Big-Player wie Amazon und Zalando bereits mit innovativen Zustellungsarten wie dem Versand via Drohne und 90-Minuten-Lieferungen befassen, stehen für kleine und mittelständische Online-Shops andere Prioritäten im Vordergrund.[141]

3.4.1 Lieferzeit und Versandkosten

Laut einer Studie des kanadischen Logistik-Unternehmens „Purolator-International", nehmen Online-Käufer eine längere Lieferzeit in Kauf, falls Versandkosten eingespart werden konnen.[142]

Weiteren Aufschluss über die Wichtigkeit einer kostenlosen Versandoption gibt eine 2013 von „UPS" in Auftrag gegebene Studie. 71 % der befragten Deutschen gaben an, dass sie eine kostenlose Versandoption im Checkout-Prozess als wichtig erachten.[143] Dabei bestätigten 57 % der Befragten, dass sie wegen einem durch Versandkosten zu hohen Gesamtbetrag, einen Kauf schon einmal abbrachen.[144] Durch die Wahl der wirtschaftlich günstigsten Liefermethode, der Standardlieferung, **akzeptieren Nutzer** zudem eine **Lieferzeit von im Schnitt 3,7 Tagen**.[145]

Wenn in diesem Fall das Kano-Modell herangezogen wird, muss somit die Lieferzeit von 3,7 Tagen deutlich unterschritten werden, um hohe Kundenzufriedenheit auszulösen.

Laut einer Studie von „ibi-research" aus dem Jahr 2017 gaben 90 % der Befragten an, dass die Einhaltung der Lieferzeit äußerst wichtig für sie sei.[146] Des Weiteren

---

[141] Vgl. Händlerbund (Hrsg.) 2016, S. 3.
[142] Vgl. Purolator-International (Hrsg.) 2015.
[143] Vgl. United Parcel Service of America, Inc. (Hrsg.) 2013, S. 21.
[144] Vgl. ebd., S. 20.
[145] Vgl. ebd., S. 21.
[146] Vgl. Bolz und Wittmann 2017, S. 33.

begründeten 5 % der Kunden, die eine Lieferung zurückschicken, ihr Verhalten mit zu langer Lieferzeit.[147]

Es sollten daher keine Versprechen bezüglich der Versanddauer gemacht werden, welche schlussendlich nicht eingehalten werden können. Es könnte daher von Vorteil sein eine Lieferzeit anzugeben die Nutzer akzeptieren (3,7 Tage; Lieferzeitangabe: 3-4 Tage). Der Shopbetreiber sollte versuchen diese Lieferzeit dauerhaft zu unterbieten (Paket schnellstmöglich an Spediteur weitergeben, bestenfalls noch am selben Tag). Dies könnte, wie bereits angesprochen, zu einer hohen Kundenzufriedenheit führen.

Eine kostenfreie Lieferung ist für viele Unternehmer nicht realisierbar.

Legt man einen Stundensatz von 35 Euro des Versandmitarbeiters zugrunde, welcher in einer Zeit von nur fünf Minuten das Paket vollständig packt, plus das Porto der Sendung. So kostet das Paket den Onlinehändler bereits knapp zehn Euro. Materialkosten für Verpackung sind hierbei noch nicht eingerechnet. Oftmals ist eine kostenlose Lieferung deshalb nicht umsetzbar. Es kann jedoch sinnvoll sein einen individuellen Rahmen für versandkostenfreie Lieferungen zu vereinbaren. Fällt der Gesamtbetrag des Kunden zum Beispiel über 50 Euro aus, so könnten ab diesem Betrag die Versandkosten erlassen werden.[148]

3.4.2 Versandbestätigung

Eine 2015 durchgeführte Befragung der „DHL Paket GmbH" gibt Aufschluss darüber welche Eigenschaften Kunden, bezüglich der Versandbestätigung, für besonders wichtig erachten.

Grundsätzlich wünschen sich Kunden in der Versandbestätigung genaue Informationen zu ihrer Lieferung. Im Detail wünschen sich

- 88 Prozent eine **direkte Verlinkung zur Sendungsverfolgung**,
- 88 Prozent den **voraussichtlichen Liefertermin**,
- 84 Prozent den **Namen des Paketdienstleisters** sowie
- 78 Prozent ihre **Paketnummer** in der Versandbestätigung.[149]

---

[147] Vgl. ebd., S. 31.
[148] Vgl. Hoeschl 2015.
[149] Vgl. DHL Paket GmbH (Hrsg.) 2016, S. 6.

Resultierend aus dieser Befragung, sollten die genannten Kundenwünsche zwingend in der Versandbestätigung integriert werden.

3.4.3 Karton, Präsentation und Beilagen

Im April 2016 befragte der „Händlerbund" rund 1000 Online-Händler, auf welche Eigenschaften diese bei der Verpackung besonders großen Wert legen. Dabei gaben 80 % der Befragten an, größtmögliche Einsparungen erzielen zu wollen.[150] [151]

Bei den Verpackungskosten zu sparen ist nicht immer die beste Lösung. Gerade im proaktiven Retourenmanagement, welches die Retourenquote durch verschiedenste Maßnahmen auf ein Minimum senken soll, sollte auf einige verpackungstechnische Maßnahmen geachtet werden.[152] Denn bei kleinen Händlern liegen die Kosten pro Retoure im Schnitt bei 17,70 Euro.[153]

Im Folgenden werden zufriedenheitssteigernde Maßnahmen, welche wiederum positiv auf die Retourenquote und dadurch auch auf Kostensenkung und Umsatzsteigerung abzielen, näher erläutert.

3.4.3.1 Schutz der Ware

Der **„Primäreffekt"**, Gegenstück zum bereits beschriebenen Rezenzeffekt, besagt, dass die zu einem frühen Zeitpunkt erhaltenen Informationen, stärkeren Einfluss auf Beurteilung eines Objekts haben, als Informationen die zu späteren Zeitpunkt erhalten werden.[154] Demzufolge ist der erste Eindruck, den der Empfänger von der Beschaffenheit des Paketinhalts erhält, besonders wichtig.

In Paket- und Logistikzentren wird oftmals ruppig mit Warensendungen umgegangen. Es kann vorkommen, dass ein Paket unglücklicherweise vom Paketband fällt oder auch auf dem Transportweg einen Schaden nimmt.[155] In Folge dessen kann es zu Beschädigungen am Paket, im schlimmsten Falls an der verschickenden Ware,

---

[150] Vgl. Händlerbund (Hrsg.) 2016, S. 3.
[151] Vgl. ebd., S. 9.
[152] Vgl. Hoeschl 2015.
[153] Vgl. Asdecker 2017.
[154] Vgl. Stroebe 1990, S. 479.
[155] Vgl. Straub 2015, S. 26.

kommen. Ist ein merkwürdiges Klappern bei der Paketübergabe vernehmbar, ist dies kein positives Signal für eine ordnungsgemäße Beschaffenheit des Inhalts.[156] Grundsätzlich sollte auf eine ausreichend schützende Kartonage und auf korrektes Verpacken der Ware Wert gelegt werden.[157] Kleine Schulungen für Versandmitarbeiter können dabei das Transportrisiko minimieren.[158] Unter anderem „DHL" bietet hierfür eine Anleitung, wie Pakete korrekt gepackt werden.[159]

3.4.3.2 Individueller Transportbehälter

Ein Paket kann jedoch viel mehr als nur den Inhalt schützen. Durch Individualität kann der Empfänger psychologisch gebunden werden.[160] Ein individuell zum Unternehmen passender, bedruckter Karton, kann schon vor dem Auspacken Emotionen wie Vorfreude hervorrufen. Nutzer können sich dadurch an den Online-Shop erinnern und empfinden **Verbundenheit**.[161] Die Trennung von einem neutralen Gegenstand fällt Menschen viel leichter als von einem Objekt mit dem sie sich persönlich identifizieren können.[162] Shopbetreiber sollten daher das Design des Transportbehälters auf ihre Kundengruppe anpassen.

Im Optimalfall sollte der Karton dementsprechend bedruckt sein, dass der Nutzer bereits aus der Ferne erkennt, dass es sich bei dieser Lieferung um Ware aus Ihrem Online-Shop handelt.

Kostengünstiger aber dennoch individuell, könnte im einfachsten Fall das Logo des Shops auf den Karton gedruckt oder das Paketband mit dem Shopnamen/ Logo versehen werden.

Grundsätzlich sollte dem Kunden mehr geboten werden, als dieser von einem Transportbehälter erwartet. **Hierdurch kann bereits vor dem Auspacken Kundenbindung entstehen.**[163]

---

[156] Vgl. Hörner 2016.
[157] Vgl. Straub 2015, S. 26.
[158] Vgl. Hörner 2016.
[159] Vgl. DHL Vertriebs GmbH (Hrsg.) 2015.
[160] Vgl. Straub 2015, S. 26.
[161] Vgl. Hörner 2016.
[162] Vgl. Straub 2015, S. 26.
[163] Vgl. Hörner 2016.

Abbildung 11: Minions – Aktionskarton
Quelle: Amazon abgebildet nach Gardt 2015

Ausgefallene oder unvorhergesehene Verpackungen (siehe Abbildung 11) fördern zudem eine positive Mund-zu-Mund Propaganda. Erhält der Kunde ein besonders kreatives/ schönes Paket, so wird dieses positive Kundenerlebnis oftmals mit Freunden in sozialen Netzwerken geteilt. Dies kann wiederrum zur Neukundengewinnung beitragen.[164]

3.4.3.3 Frustfreie Verpackung

Das Auspacken einer Ware soll Spaß bereiten, das sieht auch Versandriese Amazon so. [165] Bereits Im Jahr 2009 rief Amazon deshalb die FFP (Frustration Free-Packaging; Deutsch: Frustrationsfreie Verpackung) ins Leben. Amazon möchte das Kundenerlebnis durch einfaches Öffnen der Verpackung und Vermeidung von unnötigen Verpackungsmüll erhöhen.[166]

Kleine und mittelständische Online-Shops haben jedoch nicht die Ressourcen um im selben Maße wie Amazon an innovativen und immer kundenfreundlicheren Verpackungen zu forschen. Einige Maßnahmen können jedoch zufriedenheitssteigernd vom Big-Player abgeschaut werden:

1. Bruchsichere Gegenstände mit wenig Schutzmaterial im Paket versehen[167]
2. Sparsam mit Klebeband umgehen um eine einfache Paketöffnung zu gewährleisten

---

[164] Vgl. Haufe-Lexware GmbH & Co. KG (Hrsg.) 2017.
[165] Ebd.
[166] Vgl. Amazon.com, Inc. (Hrsg.) o. J.
[167] Vgl. Amazon Logistik GmbH (Hrsg.) 2014.

3. Oder besser: Paket, welches sich durch Abziehband öffnen lässt[168]
4. Recyclebare Verpackung verwenden[169]

3.4.3.4 Warenpräsentation

Nach der Paketöffnung kommt der Käufer zum ersten Mal mit seinem erworbenen Produkt physisch in Kontakt.[170] In der Regel blickt der Käufer beim Auspacken auf in Kunststoff verpackte Ware, die von Luftpolsterfolie oder Styropor Schüttgut umgeben ist.

Dass dieser Moment jedoch auf den Primäreffekt abzielt, scheint den meisten Shopbetreibern nicht bewusst zu sein.

Um die Wertigkeit des erworbenen Produkts in den Vordergrund zu stellen, sollte auf eine optimale Warenpräsentation geachtet werden.[171]

Folgende Maßnahmen könnten dabei zufriedenheitsfördernd eingesetzt werden:

- Deckblatt, dass formatfüllend mit Logo und URL des Shops versehen ist
- Passende, kreative Umverpackung für das oder die Produkte (zum Beispiel könnte bei Saatgut die schützende Folie mit bunten Blumen verziert sein)
- Ware gezielt im Paket positionieren und diese mit Kartonage oder Folie fixieren
- Produkte kreativ verpacken (bei Saatgut zum Beispiel mit kleinem Vogelschutznetz ummanteln) [172]
- Ware mit passendem Duft besprühen, dieser sollte sowohl zum Produkt wie auch zur Käufergruppe passen (beim Saatgut zum Beispiel Rasen- oder Rosenduft)[173] [174]

---

[168] Vgl. Fuchs 2015.
[169] Vgl. Baykara 2016.
[170] Vgl. Fuchs 2015.
[171] Vgl. Fuchs 2014.
[172] Vgl. ebd.
[173] Vgl. Straub 2015, S. 36.
[174] Vgl. Fuchs 2014.

3.4.3.5 Gratisproben

Gratisproben als Paketbeilagen können ein probates Mittel zur Förderung der **Kundenzufriedenheit** sein.[175]

Diese sind in zweifacher Hinsicht vorteilhaft:

1. Falls der Kunde mit seinem erworbenen Produkt zufrieden ist, kann die Gratisbeilage die bereits vorhandene Kundenzufriedenheit weiter steigern.
2. Wenn die Erwartungen des Käufers an das Produkt nicht erfüllt wurden, kann die Beilage als eine Art Puffer dienen. Dieser soll den Käufer vor einer negativen Einstellung gegenüber den Shop schützen.[176]

Freude trägt zur Steigerung der Kaufzufriedenheit bei. Aus einer von Zhu, Chang und Chang im Jahr 1990 durchgeführten Studie wird ersichtlich, welche Eigenschaften der Gratisbeilagen besonders große Freude beim Käufer auslösen.

Dabei stellte sich heraus, dass bei unvorhergesehenen Geschenken vor allem folgende Eigenschaften der Beilagen wichtig sind (nach Wichtigkeit absteigend sortiert):

- **Nützlichkeit**
- **Kreativität/ Einfallsreichtum**
- **Monetärer Wert**

Außerdem wurde aus der Studie ersichtlich, dass die **Qualität der Beilage keine Auswirkung auf die vom Empfänger empfundene Freude** hat.[177] Eine Gratisprobe sollte daher vor allem thematisch passend sein.[178]

In geringmargigen Segmenten sind Produktproben jedoch kaum finanzierbar.[179] Vorteilhaft könnte hierbei eine Kooperation mit einer sogenannten Paketbeileger-Firma sein. Diese liefern zielgruppenspezifische Produktzugaben, welche somit kostenfrei in das Paket beigelegt werden können.[180] Bei einer eigens erhaltenen Bestellung von „Gourmetfleisch.de" wurde zum Beispiel eine Frischkäseprobe (Abbildung 12) beigefügt.

---

[175] Vgl. Zhu, Chang, und Chang 1991, S. 691.
[176] Vgl. ebd., S. 690f.
[177] Vgl. ebd., S. 699ff.
[178] Vgl. Straub 2015, S. 27.
[179] Vgl. ebd.
[180] Vgl. IDR Marketing Partners (Hrsg.) o. J.

Abbildung 12: Produktbeilage Gourmetfleisch.de
Quelle: Eigene Darstellung

Einfache Produktbeilagen wie Gummibären-Tüten könnten beim Käufer ebenfalls Freude auslösen. Jedoch ist diese Art der Beilage nicht besonders kreativ und hat über die Zeit an Attraktivität verloren.[181] Zudem sollte Gratisbeilagen nicht beworben werden. Eine unerwartete Produktzugabe hat einen größeren, kundenbindenden, Effekt.[182]

3.4.3.6 Persönliche Grußkarte

Den Effekt der persönlichen Beziehung, welcher wie bereits beschrieben ein Teil der Verbundenheit darstellt, können kleine und mittelständische Online-Shops mit handgeschriebene Grußkarten nutzen.[183]

Ob dem Paket eine persönliche Grußkarte mit einer handgeschriebenen Nachricht wie zum Beispiel „Viel Spaß mit Ihrem neuen Mixer" beigelegt wurde oder eine vorgedruckte Botschaft vom Packmitarbeiter persönlich unterschrieben wurde (siehe Abbildung 13), ist dabei nebensächlich.[184] [185]

---

[181] Vgl. Straub 2015, S. 27.
[182] Vgl. Fuchs 2014.
[183] Vgl. ebd.
[184] Vgl. Straub 2015, S. 36.
[185] Vgl. Fuchs 2014.

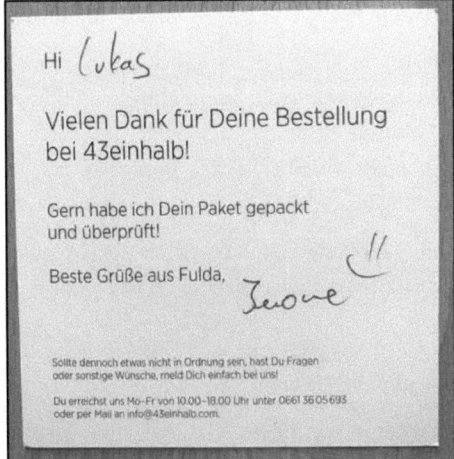

Abbildung 13: Persönliche Grußkarte 43einhalb.com
Quelle: Eigene Darstellung

Ziel der Grußkarte ist es, dem Paket eine weitere persönliche Note zu verleihen. Der Kunde soll das Gefühl verspüren, dass es sich hierbei nicht um irgendein Paket handelt, sondern um sein eigenes, welches nur für ihn gepackt wurde. Bestenfalls sollte dem Käufer das Paket wie ein persönliches Geschenks vorkommen.[186] Wird dies erreicht, so setzt beim Kunden der sogenannte **„Geschenk-Effekt"** ein. Da Menschen Geschenke ungern ablehnen, wird das Paket, wegen einer gestiegenen persönlichen Barriere, ungern zurückgesandt. Als positiver Effekt resultiert daraus eine geringere Retourenquote.[187]

3.5 E-Mail-Marketing (Newsletter)

Das Versenden von E-Mails ist ein einfacher Weg um schnell und vor allem kostengünstig mit Kunden zu kommunizieren.[188] Im Vergleich zu einer Postwurfsendung können Druck-, Kuvertier- und Versandkosten eingespart werden.[189] Mit Mailing-

---

[186] Vgl. Straub 2015, S. 27.
[187] Vgl. Klötzler 2016.
[188] Vgl. Illik 1999, S. 241.
[189] Vgl. Jacob 2015, S. 198.

Listen lassen sich zudem mit nur einem Klick, eine große Anzahl von Empfängern gleichzeitig erreichen.[190] [191]

Unter Anderem aus diesen Gründen entwickelt sich Email-Marketing immer mehr zu einem Standardinstrument im Marketing-Konzept.[192] Viele Unternehmen, besonders auch KMU, reizen jedoch nicht annähernd das Potenzial aus, welches durch gut gemachtes E-Mail-Marketing besteht.[193]

Bevor auf kundenbindende E-Mail-Marketingtechniken näher eingegangen wird, sollte jedoch Klarheit über rechtliche Grundlagen bezüglich werbenden E-Mails (Newsletter) geschaffen werden.

3.5.1 Rechtliche Grundlage (Double-Opt-In)

In § 7 des Gesetzes gegen den unlauteren Wettbewerb (UWG) sowie § 6 des Telemediengesetzes (TMG) ist unter Anderem geregelt, dass Online-Shops nur dann Werbemails an Kunden senden dürfen, wenn diese ausdrücklich die Erlaubnis dazu ausgesprochen haben.[194] [195]

Diese Erlaubnis wird durch das sogenannte **„Double-Opt-In-Verfahren"** eingeholt.

Nachdem der Kunde sich für den Empfang von Werbemitteln des Shops angemeldet hat, erhält dieser umgehend eine Bestätigungsmail. Diese E-Mail enthält explizit einen meist anklickbaren Link, über den der Kunde die Einwilligung zum Erhalt des Werbemittels noch einmal bestätigen muss. Erst nachdem dies geschehen ist, darf der Nutzer mit Werbemails kontaktiert werden.[196] Darüber hinaus muss der Empfänger jederzeit die Möglichkeit besitzen sich aus dem E-Mail-Verteiler des Shops austragen zu können.[197]

---

[190] Vgl. Sterne 1999, S. 16.
[191] Vgl. Illik 1999, S. 242.
[192] Vgl. Lammenett 2017, S. 91.
[193] Vgl. ebd., S. 112 f.
[194] Vgl. Juris GmbH (Hrsg.) o. J.
[195] Vgl. Juris GmbH (Hrsg.) o. J.
[196] Vgl. Jacob 2015, S. 207.
[197] Vgl. Juris GmbH (Hrsg.) o. J.

3.5.2 E-Mail Aufbau

Im Folgenden wird auf den inhaltlichen Aufbau einer E-Mail genauer eingegangen.

3.5.2.1 Ziele, Zielgruppen- und Bedürfnisrelevanz

Damit im Nachgang der Erfolg einer E-Mail-Kampagne korrekt gemessen werden kann, sollte für diese, zu allererst, ein Ziel definiert werden.[198]

Sind im Online-Shop unterschiedliche Produkte oder auch Dienstleistungen angeboten, so kann man nicht das Interesse jedes Kunden mit denselben Produkten und Leistungen befriedigen. Es sollten daher eine interessen-, alters- und geschlechterspezifische Zielgruppenfestlegung stattfinden.[199]

Zusätzlich steigen die Erfolgschancen einer E-Mail, wenn bei der Gestaltung und Formatierung die Bedürfnisse der Zielgruppe miteinfließen. So sollten bei der Gestaltung unbedingt die Wünsche, Gewohnheiten und Präferenzen der Zielgruppe beachtet werden.[200] Wie diese ausfindig gemacht werden können wurde bereits im Kapitel 3.1 „Zielgruppen- und Bedürfnisanalyse" erläutert.

3.5.2.2 Absender, E-Mail-Adresse und Betreffzeile

Signifikante Faktoren, ob eine E-Mail vom Empfänger geöffnet wird oder nicht, stellt die Wahl des Betreffes, die E-Mail-Adresse sowie der Name des Absenders, dar.[201] [202]

Absendername

Das erste Detail, welches vom Empfänger Aufmerksamkeit erhält, ist der Absendername.[203] Laut einer von „Epsilon" im Jahr 2009 durchgeführten Studie öffnen 68 % der befragten Amerikaner auf Grund des Absendernamens eine E-Mail.[204] Dieser ist somit der wichtigste Faktor bei der E-Mail-Öffnung und sollte daher

---

[198] Vgl. Lammenett 2017, S. 113.
[199] Vgl. Jacob 2015, S. 199.
[200] Vgl. Lammenett 2017, S. 114.
[201] Vgl. ebd., S. 101.
[202] Vgl. Schwarz 2004, 120.
[203] Vgl. ebd., S. 120.
[204] Vgl. Epsilon (Hrsg.) 2009, S. 5.

aussagekräftig gewählt werden.[205] So könnte zum Beispiel der Absendername „[Vorname] von [Markenname]" oder auch „[Markenname] Newsletter" lauten.

Rechtlich ist ebenfalls ein Punkt zu beachten: Nach § 7 UWG muss aus dem Absendernamen klar ersichtlich sein, von wem diese E-Mail stammt. Eine Verschleierung des Namens darf nicht stattfinden.[206]

E-Mail-Adresse

Bei der Wahl der E-Mail-Adresse sollte darauf Wert gelegt werden, dass diese Adresse

1. lesbar ist (keine alphanumerischen Zeichen (l1n2r4@domain.de)),
2. von der eigenen Domain entstammt (kein Freemail-Anbieter) und
3. die Marke, das Produkt oder den Personennamen des Absenders wiederspiegelt. [207] [208]

Beispielsweise könnte die E-Mail-Adresse folgendermaßen lauten: newsletter@domain.de oder auch [Vorname]@domain.de.

Betreffzeile

Wurde der Absendername und die E-Mail-Adresse vom Empfänger akzeptiert, so ist bereits die erste Hürde in Richtung E-Mail-Öffnung genommen. Im Folgenden wird die Adresszeile vom Empfänger näher betrachtet.[209] Nun muss dem Leser ein echter Mehrwert vermittelt werden, warum er gerade diese E-Mail lesen sollte. Das Nutzenargument ist dabei sachlich zu kommunizieren.[210] Werbesprüche, aufeinanderfolgende Ausrufezeichen oder auch Wörter in Großbuchstaben sind dabei unangebracht. Wenn der Empfänger nicht wirklich etwas kostenlos erhält oder etwas gewonnen hat, sollte man auch auf Lockvogelbegriffe wie „Gratis" oder „Herzlichen Glückwunsch - Sie haben gewonnen!" verzichten.[211]

---

[205] Vgl. Kulka 2013, S. 412.
[206] Vgl. Juris GmbH (Hrsg.) o. J.
[207] Vgl. Kulka 2013, S. 412.
[208] Vgl. Ebd.
[209] Vgl. Schwarz 2004, S. 120.
[210] Vgl. ebd., S. 57.
[211] Vgl. Heinemann 2015, S. 87.

Im Gegensatz dazu kann der Einsatz von Personalisierung die Erfolgschancen steigern. Hierbei kann der Name des Empfängers in den Betreff miteingebunden werden.[212]

Eine derartige Betreffzeile könnte folgendermaßen lauten: „Herr Mayer – Wir haben etwas das Ihnen gefallen wird!"[213]

Wurde durch einen geschickt gewählten Absendernamen, die E-Mail-Adresse sowie der Betreffzeile die Neugier des Empfängers geweckt, so ist das erste Ziel, die Emailöffnung, erreicht. Das darauffolgende Ziel ist nun, dass der Empfänger den Inhalt der E-Mail liest und auf einen oder mehrere verankerte Hyperlinks klickt. Hierfür ist die richtige Aufbereitung der E-Mail von entscheidender Bedeutung.[214]

3.5.2.3 Inhaltliche Elemente

Um einen Erfolg im E-Mail-Marketing verzeichnen zu können, bestehen mehrere Möglichkeiten einen Newsletter aufzubauen.[215] Ein möglicher Aufbau könnte folgendermaßen aussehen:

---

[212] Vgl. Lammenett 2017, S. 105.
[213] Vgl. ebd.
[214] Vgl. ebd., S. 101.
[215] Vgl. Schwarz 2004, S. 51.

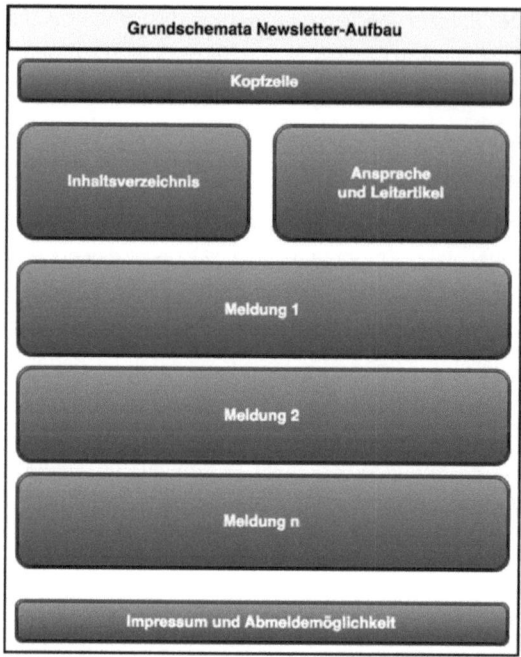

Abbildung 14: Grundlegender Newsletter-Aufbau
Quelle: Eigene Darstellung in Anlehnung an: Schwarz 2004, S. 51 und Lammenett 2017, S. 118

Fortfolgend wird auf die in Abbildung 14 dargestellten Elemente genauer eingegangen:

Kopfzeile

Die Kopfzeile hat das Ziel Klarheit darüber zu verschaffen von wem diese E-Mail stammt. Die Abbildung des Firmenlogos stellt hierbei eine gute und einfache Möglichkeit dar. Zusätzlich können Newslettername, Kontaktdaten oder auch die Website des Absenders abgebildet werden. Es gilt jedoch zu beachten, dass die Kopfzeile nicht zu viel Platz in Anspruch nimmt. Je mehr Informationen der Leser im „Above-the-Fold"-Bereich (sichtbarer Bereich den der Nutzer ohne Scrollen einsehen kann) einsieht, desto besser.[216] [217] [218]

Ansprache

Die Personalisierung einer E-Mail stellt heutzutage ein Muss-Kriterium dar. Der Empfänger sollte daher zwingend mit seinem Nachnamen, gegebenenfalls auch mit Vornamen, angesprochen werden.[219] Wendet sich die E-Mail an einen Personenkreis in einer bestimmten Region, so kann die Ansprache zusätzlich in einem regionaltypischen Wortlaut geschehen.[220] Dieser könnte zum Beispiel „Grüß Gott Herr Mayer" oder auch „Moin Moin Herr Mayer" lauten.

Leitartikel

In wenigen Worten, maximal 3 Zeilen, sollte der Absender einige Worte zum Grund des Newsletters mitteilen.[221] Zusätzlich kann dem Empfänger viel Spaß beim Lesen gewünscht und dabei auf das fortfolgende Inhaltsverzeichnis verwiesen werden.[222]

Inhaltsverzeichnis

Ein Inhaltsverzeichnis ist ein übliches Element im E-Mail-Marketing.[223] Der Leser hat somit alle Themen des Newsletters im Überblick und kann durch anklickbare Links direkt zum jeweiligen Punkt in der E-Mail navigieren.[224]

Meldungen

Die durch den Newsletter zu vermittelnde Meldungen oder auch Produktangebote, sind meist aus vier Bestandteile aufgebaut:

1. Überschrift (soll Interesse wecken)
2. Bild (thematisch passend)

---

[216] Vgl. ebd.
[217] Vgl. Janschitz 2015.
[218] Vgl. Schwarz 2004, S. 51.
[219] Vgl. Jacob 2015, S. 199.
[220] Vgl. Lammenett 2017, S. 105.
[221] Vgl. Schwarz 2004, S. 51 f.
[222] Vgl. Lammenett 2017, S. 92.
[223] Vgl. ebd., S. 91.
[224] Vgl. Schwarz 2004, S. 52.

3. Kurztext (kurz und knapp formuliert) [225] [226]
4. Hyperlink (Weiterleitung zur Ziel-Website) [227] [228]

Impressum und Abmeldemöglichkeit

Zum Schluss jedes Newsletters sollte das Impressum verlinkt und zusätzliche Kontaktmöglichkeiten für den Empfänger aufgezeigt werden.[229] Außerdem ist eine Abmeldemöglichkeit aus dem Newslettersverteiler zu integrieren.[230]

3.5.3 Responsive E-Mail Design

Im Auftrag von „GMX" und „WEB.de" wurde im Jahr 2015 eine Studie durchgeführt, welche Aufschluss über den E-Mail-Abruf auf Smartphones und Tablets gibt. Zum E-Mail-Abruf nutzen 45,7 % ein Smartphone und 23,7 % ein Tablet. Diese Erkenntnis sollte beim E-Mail versandt beachtet werden.[231]

Um Empfängern eine optimale Darstellung auf Smartphone und Tablet zu gewährleisten, muss ein responsive E-Mail Design eingesetzt werden. Responsive, englisches Wort für reagierend, steht dabei dafür, dass sich das Design der E-Mail dynamisch an die Größe des Nutzerdisplays anpasst.[232] [233] Beispielsweise können somit Bild-, Link- oder auch Schriftgrößen an das Endgerät angepasst werden.[234]

3.5.4 Timing und Frequenz

Viele Werbetreibende nutzen E-Mail-Marketing zu inflationär. Hieraus resultiert, dass Werbung in den Postfächern oftmals als störend empfunden wird. Selbst für den Empfänger interessante E-Mails werden oftmals nicht mehr geöffnet und ungelesen gelöscht.[235]

---

[225] Vgl. ebd.
[226] Vgl. Lammenett 2017, S. 117.
[227] Vgl. Schwarz 2004, S. 52.
[228] Vgl. Lammenett 2017, S. 91.
[229] Vgl. ebd., S. 119.
[230] Vgl. Schwarz 2004, S. 52.
[231] Vgl. 1&1 Mail & Media GmbH (Hrsg.) 2016.
[232] Vgl. Pons (Hrsg.) 1998, S. 1003.
[233] Vgl. t3n (Hrsg.) o. J.
[234] Vgl. Lammenett 2017, S. 115.
[235] Vgl. Jacob 2015, S. 198.

Wie oft sollte ein Newsletter versandt werden und an welchem Wochentag beziehungsweise Zeitpunkten ist der Versand am erfolgversprechendsten? Diese Fragen werden fortfolgend beantwortet.

3.5.4.1 Timing

Als optimales Timing im E-Mail-Versand kann der Zeitpunkt beschrieben werden, indem der Nutzer zeitliche Ressourcen zur Verfügung hat um sich mit der E-Mail zu beschäftigen. Grundsätzlich empfiehlt es sich im B2C-Bereich daher der späte Nachmittag oder frühen Abend als Versandzeitpunkt. Werden im Newsletter Produkte angeboten, welche zu den zeitintensiven Kaufentscheidungen gehören (zum Beispiel Versicherungen oder Reisen), so bietet sich ebenfalls das Wochenende als Versandzeitpunkt an.[236]

Möchte der Betreiber den für seinen Shop optimalen Zeitpunkt ermitteln, so muss er verschiedene Zeiten und Wochentage gegeneinander testen. Dabei stellt die Klick- und Öffnungsrate der E-Mail wichtige Faktoren dar.[237] [238] Auf diese wird im Abschnitt 3.5.5 „Erfolgsmessung" genauer eingegangen.

3.5.4.2 Frequenz

Pauschal lässt sich die Frage der Frequenz nicht beantworten. Es besteht daher nicht die Möglichkeit eine generelle Empfehlung abzugeben. Wie bereits angesprochen müssen E-Mails dem Empfänger einen Nutzen bieten. Die wichtigste Grundregel beim Newsletter-Versand ist deshalb: **Qualität vor Quantität.**[239]

Eine von „ibi Research" durchgeführte Befragung unter 700 Online-Händlern gibt Aufschluss darüber, wie oft diese einen Newsletter versenden. Dabei war mit 37 % eine monatliche Versendung die häufigste Antwort.[240] Dies stellt zugleich die mindestens erforderliche Frequenz dar, um kontinuierlich mit Kunden in Kontakt zu treten.[241] Eine optimale Frequenz kann nur durch aktive Erfolgsmessung für jeden Online-Shop individuell bestimmt werden.[242] Sind zu häufig Newsletter an Kunden

---

[236] Vgl. Kulka 2013, S. 249.
[237] Vgl. Lammenett 2017, S. 126.
[238] Vgl. ebd., S. 127.
[239] Vgl. Kulka 2013, S. 262.
[240] Vgl. Bauer u. a. 2011, S. 40.
[241] Vgl. Kulka 2013, S. 259
[242] Vgl. Lammenett 2017, S. 127.

verschickt worden, so kann sich dies in Form von Abmeldungen, Spam-Beschwerden oder generell durch Unzufriedenheit bemerkbar machen.[243] Werden im Gegenzug zu wenig E-Mails mit nützlichen Informationen verschickt, so gerät der Shop in Vergessenheit und dies kann dadurch zu Umsatzeinbußen führen.[244] [245]

3.5.5 Erfolgsmessung

Wie auch bei anderen Marketingmaßnahmen, ist es beim E-Mail-Marketing zwingend notwendig den Erfolg eines Newsletters zu messen.[246] Die Zustell-, Öffnungs- und Klickrate stellen dabei wichtige Erfolgsfaktoren dar.[247] [248]

3.5.5.1 Zustellrate

Die Zustellrate gibt Aufschluss darüber, wie viele der versandten E-Mails an den Empfänger zugestellt wurden.[249] Gründe für eine Nichtzustellung können unter anderem fehlerhafte E-Mail-Adressen oder auch überfüllte Postfächer sein.[250] Als Richtwert für eine gute Zustellrate sollte ein Wert von mindestens 95 % als Ziel gesetzt werden.[251]

$$\text{Zustellrate} = \text{Versandmenge} - \text{Anzahl Nichzustellungen} / \text{Versandmenge} * 100 \;^{252}$$

3.5.5.2 Öffnungsrate

Mit Hilfe sogenannter Zählpixeln kann die Öffnungsrate von Newsletters ermittelt werden. Zählpixel sind Pixel große Bilder, welche in der Farbe Weiß oder auch Transparent in E-Mails eingebettet werden. Sie sind dadurch für den Leser unsichtbar und erfassen somit unbemerkt die E-Mail-Öffnung.[253] Es gilt zu beachten, dass mehrfach Öffnungen eines

---

[243] Vgl. Kulka 2013, S. 259 f.
[244] Vgl. ebd., S. 260.
[245] Vgl. ebd., S. 262.
[246] Vgl. Becker 2009, S. 91.
[247] Vgl. Jacob 2015, S. 213.
[248] Vgl. Becker 2009, S. 91.
[249] Vgl. Jacob 2015, S. 213.
[250] Vgl. ebd., S. 212.
[251] Vgl. ebd., S. 213.
[252] Ebd., S. 211.
[253] Vgl. ebd., S. 200.

Empfängers nur zu einer einzelnen gewerteten Öffnung führen.[254] Als Richtwert könnte ein branchenübergreifender Durchschnittswert von 23 % in Betracht gezogen werden.[255]

$$\text{Öffnungsrate} = \text{Anzahl Öffnungen} / \text{Anzahl Zustellungen} * 100^{256}$$

3.5.5.3 Klickrate

Die Klickrate ist der prozentuale Anteil der Newsletter-Empfänger, welche auf einen Hyperlink innerhalb des Newsletters geklickt haben und somit auf eine Website weitergeleitet wurden.[257] Hierfür sind Hyperlinks mit einer speziell für den Newsletter konzipierter Kennung notwendig. Somit kann festgestellt werden ob ein Nutzer über den Newsletter auf die Website gelangt ist.[258] Auch hier sollte darauf geachtet werden, dass mehrfach Klicks vom selben Nutzer nur einmal gezählt werden.[259]

Als Klickratenrichtwert könnte der branchenübergreifende Wert von 3,28 % in Betracht gezogen werden.[260]

$$\text{Klickrate} = \text{Anzahl Klicks} / \text{Anzahl Zustellungen} * 100^{261}$$

In der weiterführenden Erfolgsmessung sollten zudem die Abmelderate (Anzahl Abmeldungen / Zustellungen * 100) und die Conversion-Rate (Conversions / Anzahl Klicks * 100) beachtet werden.[262]

Im E-Mail-Marketing kann die Abwanderung von E-Mail- zu Social-Media-Anwendungen als letzte und größte Herausforderung angesehen werden. Knapp drei Viertel aller Jugendlichen sind täglich in sozialen Netzwerken aktiv. Im Gegensatz dazu nutzen nur die Hälfte ihr E-Mail-Postfach.[263]

---

[254] Vgl. ebd., S. 213.
[255] Vgl. Beins 2016.
[256] Vgl. Jacob 2015, S. 211.
[257] Vgl. ebd., S. 213.
[258] Vgl. Becker 2009, S. 91.
[259] Vgl. Jacob 2015, S. 213.
[260] Vgl. Beins 2016.
[261] Vgl. Jacob 2015, S. 211.
[262] Vgl. ebd., S. 214.
[263] Vgl. ebd., S. 199.

Im Folgenden wird auf kundenbindende Erfolgsfaktoren in sozialen Netzwerken genauer eingegangen.

3.6 Social-Media (Facebook)

Social-Media ist aus dem heutigen Marketingmix nicht mehr wegzudenken. Grund dafür ist unter anderem die weitverbreitete Nutzung in der Gesellschaft.[264] Eine Prognose für das Jahr 2020 ergab, dass circa 49 % der deutschen Bevölkerung zu diesem Zeitpunkt soziale Netzwerke nutzen werden.[265] Ähnlich wie bei E-Mail-Marketing, liegt ein großer Vorteil des Social-Media-Marketings in der kostengünstigen Kundenansprache.[266]

Fortfolgend wird explizit auf das soziale Netzwerk „Facebook" eingegangen. Dies ist damit zu begründen, dass Facebook die größte Anzahl aktiver Nutzer verzeichnen kann.[267]

Auf bezahltes Social-Media-Marketing wird dabei verzichtet. Es soll vielmehr aufgezeigt werden, wie kleine und mittelständische Online-Shops ihren Facebook-Account kostengünstig für Kundenbindungsmaßnamen nutzen können.

3.6.1 Fansumer-Marketing

Der Begriff „Fansumer", welcher sich aus den Worten „Fan" und „Consumer" zusammensetzt, bezeichnet Mitglieder von Facebook, welche sich mit der Fanseite eines Unternehmens vernetzen. Über diese versorgt der Shopbetreiber seine „Fans" mit neuen Inhalten. Gewöhnlich sind dies Unternehmensnachrichten, Produktneuheiten, Angebote oder auch Gewinnspiele. Nutzer können im Gegenzug diese Neuigkeiten liken, kommentieren oder auch mit ihren Freunden teilen. Die Kommunikation kann man dabei, anders als bei klassischer Werbung, als dialogorientiert bezeichnen. Mit Hilfe der viralen Verbreitung kann außerdem die Markenbekanntheit des Shops gesteigert werden.[268]

---

[264] Vgl. BVDW (Hrsg.) 2016b, S. 7.
[265] Vgl. eMarketer Inc. (Hrsg.) 2016.
[266] Vgl. Bernecker und Beilharz 2012, S. 117.
[267] Vgl. Kemp 2017, S. 46.
[268] Vgl. Hafenbradl 2010, S. 1.

Bevor ein Online-Shop jedoch von den Vorteilen eines Fansumers profitieren kann, sollte auf eine optimal gestaltete Facebook-Fanpage geachtet werden. Außerdem müssen Facebook-Nutzer als Fans gewonnen werden.

3.6.1.1 Fanpage

Um Nutzer bestmöglich zu erreichen, gibt es bei der Gestaltung der Unternehmensseite auf Facebook (Fanpage) einige Punkte zu beachten.

Auf einen aussagekräftigen Namen sollte zu aller erst großen Wert gelegt werden. Dieser muss die wichtigsten Stichworte des Online-Shops enthalten. Nur so ist eine einfache Auffindung, über die Facebook interne Suchfunktion, gewährleistet.[269]

Im Weiteren muss ein Profil- sowie Titelbild festgelegt werden. Diese müssen zwingend zum Unternehmen passen und von hochauflösender, professioneller Qualität sein.[270]

Als letzter grundlegender Schritt sollten bei der Fanpageerstellung alle unternehmensrelevanten Informationen im Bereich der „Allgemeinen Informationen" niedergeschrieben werden.[271]

3.6.1.2 Fangewinnung

Nachdem die Fanseite erfolgreich erstellt wurde, kann nun mit der Fangewinnung begonnen werden.

Hierbei bietet es sich an, zuallererst die Freunde des persönlichen Facebook-Accounts einzuladen.[272]

Um eine große Fangemeinde zu erhalten, reicht jedoch diese Maßnahme allein nicht aus. Da die geringste Anzahl von potenziellen Fans über die Facebook interne Suchfunktion nach der Unternehmensseite suchen wird, muss die Fanpage auch außerhalb des Netzwerkes beworben werden.[273]

Um eigene Kunden auf die Facebook-Präsenz aufmerksam zu machen, bietet Facebook die Möglichkeit, eine Liste von bis zu 5.000 Kunden-E-Mail-Adressen gleichzeitig hochzuladen und mit nur einem Klick eine E-Mail an diese zu versenden.

---

[269] Vgl. Stuber 2012, S. 270.
[270] Vgl. ebd., S. 274.
[271] Vgl. ebd., S. 277 f.
[272] Vgl. ebd., S. 285.
[273] Vgl. Hafenbradl 2010, S. 2.

Hierdurch kann eine große Anzahl von Kunden gleichzeitig über die Facebook-Präsenz informiert werden.[274]

Zudem sollte im Online-Shop an prominenter Stelle (Headerbereich), mit Hilfe des Facebook-Icons, auf die Social-Media-Präsenz hingewiesen werden. Zusätzlich kann in jeglichem E-Mail-Verkehr mit Kunden auf die Facebook-Fanpage verwiesen werden.[275]

Shopbetreiber sollten bei der Fangewinnung auf den Einkauf von Fans über einschlägige Plattformen verzichten. Oftmals handelt es sich hierbei um falsche Accounts, welche zu keiner Interaktion führen.[276]

3.6.1.3 Kommunikation auf Facebook

Die Gewinnung von Fans stellt die Grundlage des Unternehmenserfolgs auf Facebook dar. Eine Herausforderung besteht jedoch darin, Fans langfristig zu binden.[277]

Facebook-Nutzer erwarten in ihren Feeds, interessante, auf ihre Zielgruppe zugeschnittene Ergebnisse. Unternehmer müssen daher ihre Botschaften und Angebote auf ihre Kernzielgruppe anpassen (siehe Kapitel 3.1).[278]

Im Gegensatz zum eher förmlich gehaltenen E-Mail-Verkehr, sollten Nutzer über Facebook persönlicher angesprochen werden.[279]

Folgende Maßnahmen können kundenbindenden auf Facebook eingesetzt beziehungsweise kommuniziert werden:

- Aktuelle Sonderaktionen
- Neue Produkte
- Aktuelle Unternehmensnews
- Veröffentlichung von lustigen oder praktischen Videos
- Teilen von Beiträgen Dritter (müssen Zielgruppenrelevanz aufweisen)
- Fotos von Firmenevents

---

[274] Vgl. Stuber 2012, S. 358.
[275] Vgl. Hafenbradl 2010, S. 2.
[276] Vgl. Stuber 2012, S. 353.
[277] Vgl. Holzapfel und Holzapfel 2012, S. 95.
[278] Vgl. BVDW (Hrsg.) 2016b, S. 4.
[279] Vgl. ebd.

- Teilen von bevorstehenden Veranstaltungen[280]
- Gewinnspiele[281]

Da die Kundenkommunikation über Facebook besonders kostengünstig ist, ist die Verlockung zu einer hohen Beitragsfrequenz gegeben.[282] Es sollte jedoch auf eine hohe Qualität und echten Mehrwert sowie auf eine angemessene Beitragsanzahl geachtet werden.[283] Eine angemessene Anzahl kann dabei nicht pauschal bestimmt werden. Sie hängt individuell vom Unternehmen und ihrer Zielgruppe ab. Zeitlich kann jedoch angemerkt werden, dass Beiträge, welche zwischen 13:00 Uhr und 16:00 Uhr gepostet werden, besonders hohe Aufmerksamkeit erreichen können. Denn in diesem Zeitraum sind die meisten Facebook-Nutzer aktiv.[284]

Beantwortung von Kommentaren

Ein einfacher Weg um Kundenbindung zu steigern, ist das Beantworten von Kommentaren. Nimmt sich der Seitenbetreiber die Zeit, Fragen oder auch Anmerkungen der Nutzer zu beantworten, so fühlt sich dieser ernst genommen und geehrt. Auch kritische Nutzeraussagen sollten akzeptiert werden und eine öffentliche Stellungnahme darauf folgen.[285]

3.6.2 Erfolgsmessung

Wie auch beim E-Mail-Marketing, ist die Erfolgsmessung bei Social-Media-Kampagnen zwingend notwendig.[286] Folgende Erfolgsfaktoren sollten, neben der Conversion-Rate, beachtet werden.

3.6.2.1 Reichweite

Eine der wichtigsten Kennzahlen beim Social-Media-Marketing ist die Reichweite.[287] Diese gibt Aufschluss darüber, an wie viele Personen ein Beitrag ausgespielt wurde. Über die Facebook interne Seitenstatistik lässt sich dieser Wert

---

[280] Vgl. Holzapfel und Holzapfel 2012, S. 96.
[281] Vgl. Hafenbradl 2010, S. 1.
[282] Vgl. Bernecker und Beilharz 2012, S. 117.
[283] Vgl. ebd.
[284] Vgl. Karhoff 2016.
[285] Vgl. Hafenbradl 2010, S. 2.
[286] Vgl. Holzapfel und Holzapfel 2012, S. 182.
[287] Vgl. Weck 2013.

komfortabel abrufen.[288] Laut „Agorapulse", werden Durchschnittlich circa 29 % der Fans erreicht (Stand: 22.05.2017).[289] Dieser Wert könnte vom Seitenbetreiber zum Vergleich in Betracht gezogen werden.

$$\text{Reichweite} = \text{Erreichte Personen} / \text{Anzahl Fans} * 100^{290}$$

3.6.2.2 Interaktionen

Interaktionen beschreiben, wie viele Personen den Beitrag geliked, kommentiert oder geteilt haben.[291] Eine erhöhte Interaktionsanzahl wirkt sich positiv auf die Sichtbarkeit in Newsfeeds der Fans aus. Eine gesteigerte Interaktionsanzahl führt somit auch zu Reichweitensteigerungen.[292] Als Vergleichswert kann eine durchschnittliche Interaktionsrate von 2,3 % in Betracht gezogen werden.[293]

$$\text{Interaktionsrate} = \text{Interagierende Nutzer} / \text{Erreichte Nutzer} * 100^{294}$$

3.6.2.3 Klickrate

Die Klickrate gibt Aufschluss darüber, wie viele Nutzer über den Beitrag auf eine externe Webseite weitergeleitet wurden.[295] Als erster Richtwert könnte vom Shopbetreiber ein Wert von 0,9 % herangezogen werden.[296]

$$\text{Klickrate} = \text{Anzahl Klicks} / \text{Erreichte Personen} * 100^{297}$$

---

[288] Vgl. Facebook (Hrsg.) o. J.
[289] Vgl. Agora Pulse (Hrsg.) o. J.
[290] Vgl. ebd.
[291] Vgl. Stuber 2012, S. 323.
[292] Vgl. Weck 2013.
[293] Vgl. Agora Pulse (Hrsg.) o. J.
[294] Vgl. ebd.
[295] Vgl. Facebook (Hrsg.) o. J.
[296] Vgl. Nanigans (Hrsg.) 2015, S. 2.
[297] Vgl. Jacob 2015, S. 211.

4 Fazit

Es gibt viele unterschiedliche Möglichkeiten um Neukunden an ein Unternehmen zu binden. Die in dieser Arbeit vorgestellten Erfolgsfaktoren bieten dabei ein großes Kundenbindungspotenzial. Zu Beginn jeder Maßnahme sollte man sich die Werte, Wünsche und Erwartungen der Zielgruppe vor Augen führen. Eine Zielgruppen- und Bedürfnisanalyse ist daher ein elementarer Faktor für erfolgreiche Kundenbindung.

Auch wenn routinierte Neukundengewinnungsmaßnahmen für viele Shopbetreiber als komfortabel und bequem gelten, sollten Kundenbindungs-maßnahmen als eine Investition in die Zukunft gesehen werden. Aktuell befindet sich der Online-Markt im Wachstum, auf langfristig Sicht wird dennoch eine Stagnation eintreten.

Unternehmer sollten dennoch wissen, dass nicht jeder Kunde dauerhaft gebunden werden kann. Aus diesem Grund dürfen nicht alle verfügbaren Kapazitäten nun für Kundenbindung verwendet werden. Die Neukundenakquisition muss weiterhin einen wichtigen Stellenwert einnehmen und mit der Bindung von bestehenden Kunden Hand in Hand verlaufen.

> Eine Hilfestellung für Shopbetreiber soll die eigens entwickelte Kundenbindungsgrafik im Anhang bieten.

Diese Infografik bildet alle Erfolgsfaktoren und Maßnahmen überbegrifflich ab. Zusätzlich können durch farbliche Abhebungen Überschneidungen der unterschiedlichen Bindungsfaktoren eingesehen werden. Hierdurch ist ersichtlich, dass das Beschwerdemanagement als problemlösende Stelle für Kundenbeschwerden im Bereich von Bestellbestätigungsseiten, Versand und Logistik, E-Mail- und Social-Media-Marketing zuständig ist. Die Zielgruppen- und Bedürfnisanalyse ist dabei der alles übergreifende Kundenbindungsfaktor.

Kleine und mittelständische Online-Shops, die das Zusammenspiel zwischen Neukundengewinnung und Kundenbindung berücksichtigen, haben eine Voraussetzung für langfristigen Unternehmenserfolg geschaffen. Wurden Kunden erfolgreich gebunden, so sollte weiterführend eine Kundenstammanalyse, zum Beispiel „ABC-Analyse", durchgeführt werden. Besonders wertvolle Kunden können somit herausgefiltert und mit weiterführenden Kundenbindungsmaßnahmen angesprochen werden.

Anhang

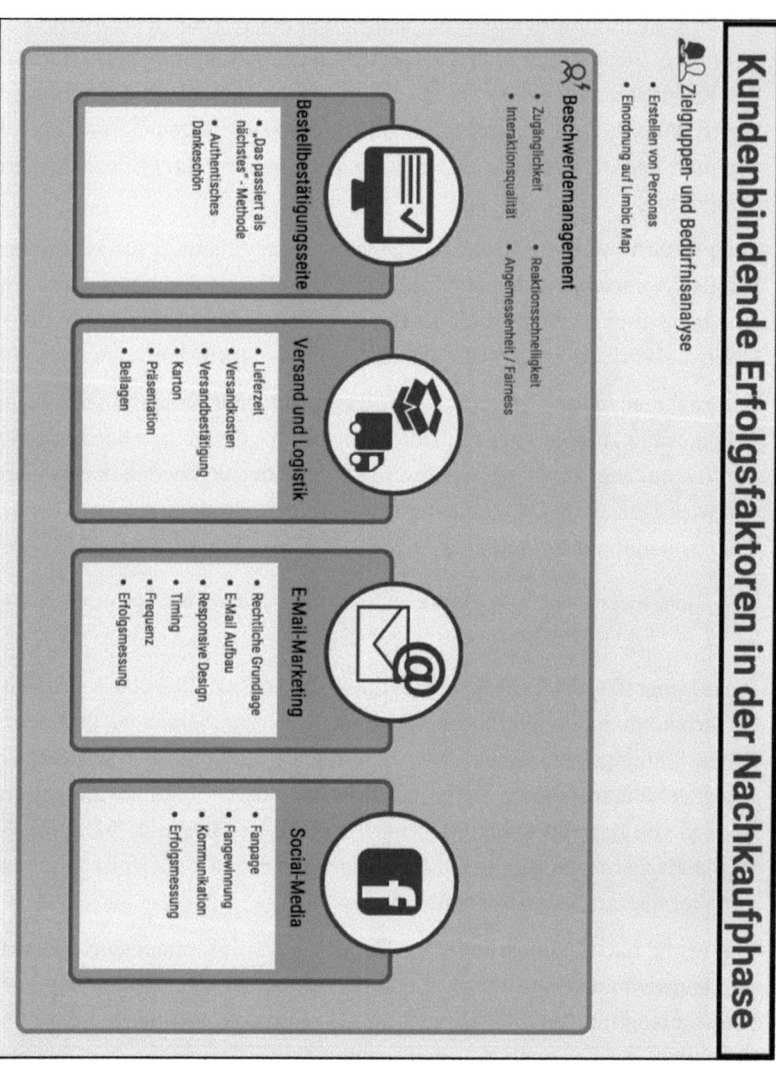

Literaturverzeichnis

1&1 Mail & Media GmbH (Hrsg.) (2016). Aktuelle Studie von GMX: Apps legen zu, mobiler Browser verliert. Verfügbar unter: https://newsroom.gmx.net/2016/04/21/aktuelle-studie-apps-legen-zu-mobiler-browser-verliert. Zugegriffen am: 10 Mai 2017.

Adobe Systems GmbH (Hrsg.) (2012). ROI von Marketing-Maßnahmen für bestehende Online-Kunden.

Agora Pulse (Hrsg.) (o. J.). Agorapulse Barometer - Measure the performance of your Facebook page. Verfügbar unter: http://barometer.agorapulse.com. Zugegriffen am: 22. Mai 2017.

Amazon Logistik GmbH (Hrsg.) (2014). Amazon Logistikzentren - Frustfreie Verpackung bei Amazon. Verfügbar unter: http://www.amazon-logistik-blog.de/2014/04/04/frustfreie-verpackung-bei-amazon/. Zugegriffen am: 23. April 2017.

Amazon.com, Inc. (Hrsg.) (2017). Amazon Annual Report 2016.

Amazon.com, Inc. (Hrsg.) (o. J.). Amazon Frustfreie Verpackung. Verfügbar unter: https://www.amazon.de/Amazon-Frustfreie-Verpackung/b?ie=UTF8&node=1906541031. Zugegriffen am: 23. April 2017.

Asdecker, B. (2017). Statistiken Retouren Deutschland - Definition. Verfügbar unter: http://www.retourenforschung.de/definition_statistiken-retouren-deutschland.html. Zugegriffen am: 12. April 2017

Bauer, Christopher, Georg Wittmann, Ernst Stahl, Silke Weisheit, Sabine Pur, und Stefan Weinfurtner (2011). So steigern Online-Händler ihren Umsatz - Fakten aus dem deutschen Online-Handel. Regensburg: ibi Research.

Baykara, Selim (2016). Frustfreie Verpackung bei Amazon – Was ist das? Verfügbar unter: http://www.giga.de/unternehmen/amazon/specials/frustfreie-verpackung-bei-amazon-was-ist-das-leicht-erklaert/. Zugegriffen am: 23. April 2017.

Becker, Lars (2009). Professionelles E-Mail-Marketing - Von der individuellen Nutzung zur unternehmensweiten Anwendung. 1. Aufl. Wiesbaden: Gabler.

Becker, Roman, und Gregor Daschmann (2016). Das Fan-Prinzip - Mit emotionaler Kundenbindung Unternehmen erfolgreich steuern. 2. Aufl. Wiesbaden: Springer Gabler.

Beins, Friederike (2016). Klickraten und Öffnungsraten 2016: Der große Branchen-Benchmark. Verfügbar unter: https://www.newsletter2go.de/blog/klickraten-oeffnungsraten-2016-email-marketing/. Zugegriffen am: 16. Mai 2017.

Bender, Scott (2015). Beschwerdemanagement - Beschwerden richtig nutzen. In: Sales Management (5).

Bergmann, Katja (1998). Angewandtes Kundenbindungsmanagement. 2. Aufl. Peter Lang GmbH.

Bernecker, Michael, und Felix Beilharz (2012). Social Media Marketing - Strategien, Tipps und Tricks für die Praxis. 3. Aufl. Köln: Johanna Verlag.

Bibliographisches Institut GmbH (Hrsg.) (2017). Begriffsdefinition Gewohnheit. Duden.de. Verfügbar unter: http://www.duden.de/rechtschreibung/Gewohnheit. Zugegriffen am: 10.04.2017.

Bliemel, Friedhelm, und Andreas Eggert (1998). Kundenbindung — die neue Sollstrategie? Marketing: Zeitschrift für Forschung und Praxis (1). 20: S. 37-46.

Bolz, Thomas, und Georg Wittmann (2017). Trends und Innovationen beim Versand - Was erwartet der Kunde?

Bruhn, Manfred (2016). Kundenorientierung - Bausteine für ein exzellentes Customer Relationship Management. 5. Aufl. München: dtv Verlagsgesellschaft.

Bruhn, Manfred (2001). Relationship Marketing: Das Management von Kundenbeziehungen. 1. Aufl. Vahlen.

Bruhn, Manfred, und Christian Homburg (2010). Handbuch Kundenbindungsmanagement. 7. Aufl. Wiesbaden: Gabler.

Burmann, Christoph (1991). Konsumentenzufriedenheit als Determinante der Marken- und Händlerloyalität. Das Beispiel der Automobilindustrie. Marketing: Zeitschrift für Forschung und Praxis.

BVDW (Hrsg.) (2016a). Erfolgsmessung in social Media - Richtlinie zur Social-Media-Erfolgsmessung in Unternehmen des Bundesverbandes Digitale Wirtschaft. Düsseldorf. Verfügbar unter: http://www.bvdw.org/presseserver/Publikationen/BVDW_Leitfaden_Social_Media_Erfolgsmessung.pdf. Zugegriffen am: 23. Mai 2017.

BVDW (Hrsg.) (2016b). Social Media Kompass 2016/ 2017. Düsseldorf.

Cambra-Fierro, Jesus, Iguacel Melero, und Javier Sese (2015). Managing Complaints to Improve Customer Profitability. Journal of Retailing (91): S. 109-124.

DHL Paket GmbH (Hrsg.) (2016). Vom Klick bis zur Klingel - Von der Online-Bestellung bis zum Paketempfang. Verfügbar unter: https://www.dhl.de/content/dam/dhlde/kampagnen/eCommerce/kundenbeduerfnisse-im-ecommerce-whitepaper.pdf. Zugegriffen am: 12.04.2017.

DHL Vertriebs GmbH (Hrsg.) (2015). Verpackungsbroschüre. Verfügbar unter: https://www.dhl.de/content/dam/dhlde/downloads/pdf/geschaeftskunden/dhl_geschaeftskunden_verpackungsbroschuere_09_2015.pdf. Zugegriffen am: 12. April 2017.

eMarketer Inc. (Hrsg.) (2014). Retail Sales Worldwide Will Top $22 Trillion This Year. Verfügbar unter: https://www.emarketer.com/Article/Retail-Sales-Worldwide-Will-Top-22-Trillion-This-Year/1011765. Zugegriffen am: 11. Mai 2017.

eMarketer Inc. (Hrsg.) (2016). Social Networking Across Europe a Patchwork of Penetration Rates. Verfügbar unter: https://www.emarketer.com/Article/Social-Networking-Across-Europe-Patchwork-of-Penetration-Rates/1014066. Zugegriffen am: 19. Mai 2017.

Epsilon (Hrsg.) (2009). Inside the Inbox: Trends for the Multichannel Marketer Epsilon's Global Consumer Email Study.

Facebook (Hrsg.) (o. J.). Facebook-Seitenstatistiken | Facebook for Business. Verfügbar unter: https://de-de.facebook.com/business/a/page/page-insights. Zugegriffen am: 22. Mai 2017a.

Facebook (Hrsg.) (o. J.). Was ist die CTR (Link) und wie wird sie berechnet? Verfügbar unter: https://de-de.facebook.com/business/help/955071271210071. Zugegriffen am: 22. Mai 2017b.

Freund, Max (2016). Einsatz von Personas - 6 Anwendungsbeispiele. Verfügbar unter: https://www.konversionskraft.de/personas/einsatz-personas-6-anwendungsbeispiele.html. Zugegriffen am: 27. April 2017.

Fuchs, Jochen (2014). Es ist angerichtet: Wie Onlinehändler ihren Kunden mit der Lieferung ein Erlebnis verschaffen. Verfügbar unter: http://t3n.de/news/e-commerce-kundenbindung-559632/. Zugegriffen am: 12. April 2017.

Fuchs, Jochen (2015). So macht Auspacken richtig Spaß – 10 kreative Versandverpackungen. Verfügbar unter: http://t3n.de/news/kreative-versand-verpackungen-verpackungen-e-commerce-620983/. Zugegriffen am: 12. April 2017.

Gardt, Martin (2015). Boxvertising ist die neuste Idee von Amazon – keine schlechte. Verfügbar unter: https://omr.com/de/amazon-minions-kartons-marketing/. Zugegriffen am: 07. Juni 2017.

Gassmann, Michael, und Andre Tauber (2016). Online-Handel: Die heikle Dominanz von Amazon, Otto und Zalando. Verfügbar unter: https://www.welt.de/wirtschaft/article158277886/Die-heikle-Dominanz-von-Amazon-Otto-und-Zalando.html. Zugegriffen am: 23. Mai 2017.

Georgi, Dominik (2000). Entwicklung von Kundenbeziehungen: Theoretische und empirische Analysen unter dynamischen Aspekten. 2000. Aufl. Dr. Th. Gabler Verlag.

Goodwin, Cathy, und Dwayne D. Gremler (1996). Friendship over the Counter: How Social Aspects of Service Encounters Influence Consumer Service Loyalty. Advances in Services Marketing and Management (5): S. 247–282.

Grimminger, Ronald (2011). Warum Sie 90% Ihrer Kunden im Check-Out verlieren – 9 Tipps zur Optimierung. Verfügbar unter: https://www.konversionskraft.de/checklisten/warum-sie-90-ihrer-kunden-im-check-out-verlieren-%E2%80%93-9-tipps-zur-optimierung.html. Zugegriffen am: 7. April 2017.

Gröppel-Klein, Andrea, Jörg Königstorfer, und Ralf Terlutter (2010). Verhaltenswissenschaftliche Aspekte der Kundenbindung. In Bruhn, M./Homburg, C. (Hrsg.): Handbuch Kundenbindungsmanagement., S. 43-79. 7. Aufl. Wiesbaden: Gabler.

Grunwald, Guido, und Bernd Hempelmann (2017). Angewandte Marketinganalyse - Praxisbezogene Konzepte und Methoden zur betrieblichen Entscheidungsunterstützung. De Gruyter Oldenbourg.

Gruppe Nymphenburg (Hrsg.) (o. J.). Die Welt der Motive und Werte hinter Ihrer Marke auf einen Blick. Verfügbar unter: http://www.nymphenburg.de/limbic-map.html. Zugegriffen am: 28. April 2017.

Hafenbradl, Ulrich (2010). Wie clevere Online-Shops schon heute Facebook nutzen: Fansumer als Marketing-Zielgruppe. Verfügbar unter: http://t3n.de/magazin/clevere-online-shops-schon-heute-facebook-nutzen-fansumer-225243/. Zugegriffen am: 19. Mai 2017.

Händlerbund (Hrsg.) (2016). Logistik-Studie: Verpackung & Versand im Jahr 2016. Leipzig: Händlerbund. Verfügbar unter: https://www.haendlerbund.de/de/downloads/studie-logistik-2016.pdf. Zugegriffen am: 11. April 2017.

Haufe-Lexware GmbH & Co. KG (Hrsg.) (2017). Fifty Shades of Brown oder: Wie Händler Lieferungen besser in Szene setzen. Verfügbar unter: https://www.haufe.de/marketing-vertrieb/e-commerce/verpackung-wie-haendler-lieferungen-besser-in-szene-setzen_128_395410.html. Zugegriffen am: 23. April 2017.

Häusel, Hans-Georg (2005). Think Limbic! - Die Macht des Unbewussten verstehen und nutzen für Motivation, Marketing, Management. 4. Planegg: Haufe.

Heinemann, Katja (2015). Websites optimieren - Das Handbuch. 2. Aufl. Wiesbaden: Springer Vieweg.

Hennig-Thurau, Thorsten (2001). Der Nutzen von Geschäftsbeziehungen für Konsumenten: Implikationen für das Beziehungsmarketing von Dienstleistungsunternehmen. Jahrbuch der Absatz- und Verbrauchsforschung 47 (3): S. 232-250.

Henrici, Matthias (2012). Der Distanz keine Chance! Mehr Konversion durch die Arbeit mit Personas. Verfügbar unter: https://www.konversionskraft.de/hintergrunde/mehr-konversion-durch-personas.html. Zugegriffen am: 27. April 2017.

Hentschel, Bernd (1992). Dienstleistungsqualität aus Kundensicht - Vom merkmals- zum ereignisorientierten Ansatz. Wiesbaden: Deutscher Universitäts-Verlag.

Herrmann, Sebastian (2014). Der letzte Eindruck zählt. Verfügbar unter: http://www.sueddeutsche.de/wissen/psychologie-der-letzte-eindruckzaehlt-1.1985912. Zugegriffen am: 7. April 2017.

Hoeschl, Peter (2015). Praxistipps für Online-Händler: Logistik optimieren und Retourenquoten senken. Verfügbar unter: http://t3n.de/news/praxistipps-logistik-retouren-646089/. Zugegriffen am: 12. April 2017.

Hoffmann, Stefan, und Payam Akbar (2016). Konsumentenverhalten: Konsumenten verstehen – Marketingmaßnahmen gestalten. Wiesbaden: Springer Gabler.

Holzapfel, Felix, und Klaus Holzapfel (2012). facebook – marketing unter freunden: dialog statt plumper werbung. 4. Aufl. Göttingen: BusinessVillage.

Hörner, Thomas (2016). Kundenbindung im E-Commerce – ein 3-Phasen-Modell. Verfügbar unter: https://e-commerce-blog.thomas-hoerner.de/kundenbindung-im-e-commerce-ein-3-phasen-modell/. Zugegriffen am: 12. April 2017.

IDR Marketing Partners (Hrsg.) (o. J.) IDR Marketing Partners. Verfügbar unter: http://www.idrmp.com/index.html. Zugegriffen am: 24. April 2017.

Illik, Johann Anton (1999). Electronic Commerce - Grundlagen und Technik für die Erschließung elektronischer Märkte. München: Oldenbourg.

Jacob, Michael (2015). Integriertes Online-Marketing - Strategie, Taktik und Implementierung. Springer Vieweg.

Jammernegg, Werner, und Peter Kischka (2001). Kundenorientierte Prozessverbesserung - Konzepte und Fallstudie. Springer Verlag Berlin Heidelberg.

Janschitz, Mario (2015). „Above-the-Fold"-Design: Ja oder nein? Verfügbar unter: http://t3n.de/news/above-the-fold-antwort-wichtigste-frage-608789/. Zugegriffen am: 12. Mai 2017.

Juris GmbH (Hrsg.) (o. J.). Gesetz gegen den unlauteren Wettbewerb (UWG) § 7 Unzumutbare Belästigung. Verfügbar unter: https://www.gesetze-im-internet.de/uwg_2004/__7.html. Zugegriffen am: 8. Mai 2017a.

Juris GmbH (Hrsg.) (o. J.). Telemediengesetz (TMG) § 6 Besondere Informationspflichten bei kommerziellen Kommunikationen. Verfügbar unter: https://www.gesetze-im-internet.de/tmg/_6.html. Zugegriffen am: 8. Mai 2017b.

Kahneman, Daniel (2017). Schnelles Denken, langsames Denken. 1. Aufl. München: Penguin Verlag.

Karhoff, Ashley (2016). How Often Should You Post to Social Media? Verfügbar unter: https://insights.newscred.com/how-often-you-should-post-to-social-media/. Zugegriffen am: 20. Mai 2017.

Kemp, Simon (2017). Hootsuite: Digital in 2017 Global Overview. Verfügbar unter: https://www.slideshare.net/wearesocialsg/digital-in-2017-global-overview. Zugegriffen am: 19. Mai 2017.

KfW Research (Hrsg.) (2016). KfW Research - KfW-Mittelstandspanel 2016. Frankfurt am Main: KfW Bankengruppe.

Klötzler, Florian (2016). Onlineshops: Individuelle Verpackung pusht Kundenbindung. Verfügbar unter: https://www.haufe.de/marketing-vertrieb/e-commerce/onlineshops-individuelle-verpackung-pusht-kundenbindung_128_391096.html. Zugegriffen am: 24. April 2017.

Kraus, Thomas (2017). Limbic® Personas: Alles was Du wissen musst. Verfügbar unter: https://www.konversionskraft.de/personas/limbic-personas-alles-was-du-wissen-musst.html. Zugegriffen am: 27. April 2017.

Kulka, René (2013). E-Mail-Marketing: Das umfassende Praxis-Handbuch. 1. Aufl.

Kunz, Hannes (1996). Beziehungsmanagement - Kunden binden, nicht nur finden. Zürich: Orell Füssli.

Lammenett, Erwin (2017). Praxiswissen Online-Marketing - Affiliate- und E-Mail-Marketing, Suchmaschinenmarketing, Online-Werbung, Social Media, Facebook-Werbung. 6. Aufl. Wiesbaden: Springer Gabler.

Licht, Marcel (2012). Danke und Tschüss. Verfügbar unter: https://www.konversionskraft.de/conversion-optimierung/danke-und-tschuss.html. Zugegriffen am: 7. April 2017.

Meidl, Oliver (2013). Global Website - Webdesign im internationalen Umfeld. Wiesbaden: Springer Gabler.

Meyer, und Oevermann (1995). Kundenbindung. 2. Aufl. Stuttgart: Schäffer-Poeschel Verlag.

Moesslang, Michael (2010). Professionelle Authentizität: Warum ein Juwel glänzt und Kiesel grau sind. 1. Aufl. Wiesbaden: Gabler.

Müller, Ullrich (2005). Kundenbindung im E-Commerce - Personalisierung als Instrument des Customer Relationship Marketing. 1. Aufl. Wiesbaden: Deutscher Universitäts-Verlag.

Müller, Wolfgang, und Hans-Joachim Riesenbeck (1991). Wie aus zufriedenen auch anhängliche Kunden werden. In: Harvard Business Manager.

Nanigans (Hrsg.) (2015). Instagram Advertising Benchmark Report December 2015. Verfügbar unter: https://instagrampartners.com/wp-content/uploads/2015/12/Nanigans-Instagram-Advertising-Benchmark-Report-December-2015.pdf. Zugegriffen am: 22. Mai 2017.

Otto Group (Hrsg.) (2016). Prognose: Otto Group E-Commerce-Umsatz wächst auf 6,6 Milliarden Euro. Verfügbar unter: http://www.ottogroup.com/de/newsroom/meldungen/Otto-Group-E-Commerce-Umsatz-waechst-auf-6-6-Milliarden-Euro.php. Zugegriffen am: 16. März 2017.

Peter, Sibylle Isabelle (1997). Kundenbindung als Marketingziel - Identifikation und Analyse zentraler Determinanten. Wiesbaden: Gabler.

Peterson, Robert A (1995). Relationship marketing and the consumer. In: Journal of the Academy of Marketing Science 23: S. 278-281.

Pons (Hrsg.) (1998). Pons Collins Wörterbuch für die berufliche Praxis. 3. Aufl. Stuttgart: Ernst Klett Verlag.

Purolator-International (Hrsg.) (2015). Purolator Survey: Online Shoppers Willing to Sacrifice Delivery Speed for Lower Shipping Cost. Verfügbar unter: http://www.purolatorinternational.com/press-release/Purolator_Survey. Zugegriffen am: 10. April 2017.

Puscher, Frank (2013). Besser Danke sagen. Verfügbar unter: http://heftarchiv.internetworld.de/2013/Ausgabe-18-2013/Besser-Danke-sagen. Zugegriffen am: 7. April 2017.

PwC (Hrsg.) (o. J.). Onlinewerbung - Der Markt im Überblick. Verfügbar unter: https://outlook.pwc.de/outlooks/2016-2020/onlinewerbung/. Zugegriffen am: 23. Mai 2017.

Reichheld, Frederick (1997). Der Loyalitäts-Effekt: Die verborgene Kraft hinter Wachstum, Gewinnen und Unternehmenswert. Frankfurt am Main: Campus Verlag.

Rosch, Marika (2016). Personas erstellen nach der Limbic® Map. Verfügbar unter: https://blog.leap.de/conversion/die-richtige-zielgruppenansprache-finden-die-erstellung-von-personas-nach-der-limbic-map. Zugegriffen am: 27. April 2017.

Schwarz, Torsten (2004). Leitfaden eMail Marketing und Newsletter-Gestaltung. Torsten Schwarz.

Seßler, Helmut (2011). Limbic® Sales - Spitzenverkäufe durch Emotionen. 1. Aufl. Freiburg: Haufe.

Simon, Hermann (1985). Goodwill und Markenstrategie. Wiesbaden: Gabler.

Springer Gabler (Hrsg.) (o. J.). Gabler Kompakt-Lexikon Wirtschaft - 4.500 Begriffe nachschlagen, verstehen, anwenden. 11. Aufl. Wiesbaden: Springer Gabler.

Statista GmbH (Hrsg.) (2016). ACTA 2016. Verfügbar unter: https://de.statista.com/statistik/daten/studie/2054/umfrage/anteil-der-online-kaeufer-in-deutschland/. Zugegriffen am: 4. April 2017.

Statistisches Bundesamt (Hrsg.) (o. J.). Rund 61 % der tätigen Personen arbeiten in kleinen und mittleren Unternehmen. Verfügbar unter: https://www.destatis.de/DE/ZahlenFakten/GesamtwirtschaftUmwelt/UnternehmenHandwerk/KleineMittlereUnternehmenMittelstand/Aktuell_.html. Zugegriffen am: 15. März 2017.

Stauss, Bernd, und Wolfgang Seidel (2007). Beschwerdemanagement- Unzufriedene Kunden als profitable Zielgruppe. 4. Aufl. München: Hanser.

Sterne, Jim (1999). World Wide Web Marketing - Integrating the Web into Your Marketing Stategy. 2. Aufl. John Wiley & Sons, Inc.

Straub, Nicola (2015). und ab die Post.... - Retouren, Versand & Logistik. Verfügbar unter: https://www.shopanbieter.de/to-go/ausgaben/ausgabe-8.php. Zugegriffen am: 12. April 2017.

Stroebe, Wolfgang (1990). Sozialpsychologie - Eine Einführung. Springer.

Stuber, Reto (2012). Erfolgreiches Social Media Marketing - mit Facebook, Twitter, Google+, XING, LinkedIn, YouTube. 6. Aufl. Düsseldorf: DATA BECKER.

t3n (Hrsg.) (o. J.). Responsive Webdesign. Verfügbar unter: http://t3n.de/tag/responsive-webdesign. Zugegriffen am: 10. Mai 2017.

Töpfer, Armin, und Martin Wieder (1996). Kundenzufriedenheit messen und steigern. Neuwied: Hermann Luchterhand Verlag.

TWT Digital Group (Hrsg.) (2013). Tipps für die Checkout-Seite im Online-Shop. Verfügbar unter: https://www.twt.de/news/detail/tipps-fuer-die-checkout-seite-im-online-shop.html. Zugegriffen am: 7. April 2017.

United Parcel Service of America, Inc. (Hrsg.) (2013). UPS Pulse of the online Shopper: Eine Studie zur Ermittlung der Kundenzufriedenheit. Verfügbar unter: https://www.ups.com/media/de/UPS_Pulse_of_the_Online_Shopper.pdf. Zugegriffen am: 10. April 2017.

VanBoskirk, Shar (2011). US Interactive Marketing Forecast, 2011 To 2016. Verfügbar unter: http://www.bcama.com/documents/Forrester_interactive_marketing_forecast_2011_to_2016.pdf. Zugegriffen am 15. März 2017.

von Steinaecker, Jörg (2013). Nie mehr beziehungslos! CRM in Automobilhandel und -service. München: Springer Fachmedien.

Weck, Andreas (2013). Facebook: Je mehr Fans, desto geringer die Reichweite [Studie]. Verfügbar unter: http://t3n.de/news/facebook-fans-reichweite-interaktion-471126/. Zugegriffen am: 22. Mai 2017.

Witt, Ulrike (2016). Einsames Wettrennen an der E-Commerce-Spitze. Verfügbar unter: https://www.ehi.org/de/pressemitteilungen/einsames-wettrennen-an-der-e-commerce-spitze/. Zugegriffen am: 16. März 2017.

Zalando SE (Hrsg.) (2017). Zalando Geschäftsbericht 2016.

Zhu, Dong Hong, Ya Ping Chang, und An Chang (1991). Effects of free gifts with purchase on online purchase satisfaction: The moderating role of uncertainty.

Zimmermann, Jens (2012). Status und Kundenbindung. Eichstätt-Ingolstadt.